LE PANACHE BLANC
DE HENRI IV,
OU
LES SOUVENIRS D'UN FRANÇAIS.

RECUEIL HISTORIQUE
DÉDIÉ AU ROI,

A L'OCCASION DE LA FÊTE DE S. M., LE 24 AOUT 1815.

NOUVELLE ÉDITION

Publiée le 24 août 1816;

Augmentée de diverses anecdotes, de plusieurs mots heureux, traits caractéristiques des descendans du GRAND HENRI, qui composent aujourd'hui la FAMILLE ROYALE; d'un récit exact des principaux événemens ayant, à Bordeaux, précédé le départ de L'HÉROÏNE FRANÇAISE; de certaines particularités relatives aux *cent jours* dans cette ville; de pièces de vers et couplets choisis, composés pour différentes époques mémorables, entr'autres celle du mariage de S. A. R. Mgr LE DUC DE BERRI; et de quelques faits concernant le voyage de la Princesse MARIE-CAROLINE *de Naples*, son auguste épouse.

PAR J. B. A. HAPDÉ,

Auteur du *Tableau historique des Hôpitaux militaires, ou les Sépulcres de la Grande Armée*, etc.

Si vous perdez vos enseignes, ne perdez pas de vue mon *panache blanc* : vous le trouverez toujours au chemin de l'honneur et de la victoire.
HENRI IV, *à la bataille d'Ivry*.

PARIS.
LE NORMANT, IMPRIMEUR-LIBRAIRE.
1816.

Imprimerie de LE NORMANT, rue de Seine, n°. 8.

AU ROI.

SIRE,

Sous le titre du PANACHE BLANC DE HENRI IV, de ce panache si cher au souvenir, comme à la gloire des Français, mon intention a été de rassembler et d'offrir les traits qui caractérisent si particulièrement les ILLUSTRES Descendans du GRAND HENRI; les traits, en un mot, qui donnent à chacun des augustes Rejetons du Héros, ce que j'oserai nommer *l'air de famille*.

Les pensées du VAINQUEUR et du PÈRE *de ses sujets*, les pensées émanées de la grande âme de VOTRE

MAJESTÉ et de celle des PRINCES de son SANG ROYAL, ces *pensées*, SIRE, sont les *fleurs* précieuses dont j'ai cru devoir composer un bouquet pour le digne fils de SAINT LOUIS.

SIRE, en daignant agréer la DÉDICACE de ce recueil, incomplet sans doute, VOTRE MAJESTÉ a bien voulu me donner un nouveau témoignage de sa touchante bonté. Je dépose au pied de son trône, l'expression des sentimens d'amour, de reconnoissance et de respect profond avec lesquels j'ai l'honneur d'être,

SIRE,

DE VOTRE MAJESTÉ,

Le très-humble, très-fidèle et soumis sujet,

HAPDÉ.

PRÉFACE.

L'UNE des principales causes d'une foule d'événemens désastreux, et surtout de la défection sans exemple qui eut lieu dans le courant du fatal mois de *mars*, est bien sûrement le soin extrême avec lequel, depuis vingt ans, on a pris à tâche de dérober aux yeux du peuple tout ce qui pouvoit tendre à conserver en lui le souvenir des vertus, des bienfaits et des brillans exploits de ses rois; tout ce qui pouvoit contribuer à entretenir dans son cœur cette affection naturelle pour les illustres descendans du grand Henri.

Le nom, l'effigie du héros, et même ce chant national qui électrise les cœurs, furent rigoureusement proscrits : toutefois on n'y parvint qu'avec beaucoup de peine et de précaution. Quelques faits entre mille le prouveront.

Lorsque les révolutionnaires portèrent des mains sacrilèges sur l'image sacrée de Henri IV, ils ne purent se défendre d'une sorte de respect religieux : plusieurs prêts à frapper descendirent du piédestal, et se perdirent dans la foule; le peuple manifestoit hautement son mécontentement : il fallut recourir aux moyens de terreur pour comprimer son indignation prête à éclater.

Il y a sept ans, la tragédie intitulée la *Mort de Henri IV*, fut interrompue, *par ordre*, à la onzième représentation, à cause de la vive émotion qu'elle faisoit éprouver aux spectateurs, et du succès toujours croissant de cet ouvrage.

Buonaparte avoit *lui-même* donné l'ordre à son ministre Savary, de faire saisir et *détruire* tous les portraits, tableaux, bustes, etc. représentant les BOURBONS : cet ordre fut exécuté avec une telle rigueur, qu'on fit des *perquisitions* chez les marchands, le même jour et à la même heure.

Parmi les objets d'arts qui ne furent point respectés, on cite et l'on regrette une planche de la gravure faite d'après le *portrait de Henri IV*, déposé au Muséum, et peint par *Probus*.

Après ces exemples, auxquels tant d'autres pourroient être joints, je reviens à l'objet principal ; je veux prouver que, de l'ignorance d'une grande portion du peuple, sur la gloire ancienne, et sur les nobles qualités héréditaires de la dynastie régnante, ont dû naître nécessairement des germes de rébellion ; les premiers motifs de cette rébellion partielle et passagère, s'expliquent en peu de mots :

Au milieu des désordres, des attentats, de l'anarchie, de l'usurpation, une génération s'est élevée ; cette génér[illegible]ion n'a pu se former aucune espèce d'idée [illegible] attachement à ses *légitimes souverains*, elle ne les a point connus. Si parfois elle en entendit parler, ce fut par des hommes intéressés à les rendre odieux.

Se rallier au *panache blanc*, à ce panache d'immortelle mémoire, qu'on ne vit jamais qu'au *chemin de l'honneur*, à ce panache qui, depuis des siècles, l'égide de la monarchie, fut une barrière insurmontable à l'invasion de l'étranger; se rallier à ce signe, vrai signe national, est non-seulement le devoir de tous les Français, mais encore le seul moyen de salut public.

Mon but, en faisant ce recueil, a été d'offrir, d'un coup d'œil rapide, à ceux qui ne connoissent, pour ainsi dire, de Henri IV que la renommée, ces traits éclatans, ces faits d'armes glorieux, qui lui valurent le surnom de *Grand*; à ceux auxquels l'erreur a jusqu'ici fasciné les yeux, un parallèle du *bon Roi* avec *Louis-le-Désiré*, et son auguste famille. En rapportant les paroles et les actions de tous, j'ai voulu provoquer de nombreux rapprochemens et de faciles comparaisons : qui ne verra, par exemple, dans Henri IV et dans Louis XVIII cette même sagesse, cette même clémence, ce même amour pour le peuple : qui ne trouvera dans leur règne les mêmes entraves pour assurer son bonheur?

Mille fois heureux, si cet essai, répondant à mes intentions pures, peut ramener au *panache blanc* un seul Français égaré! laissant à l'éloquence le droit de persuader par un charme d'expressions que je suis loin de posséder, je me borne à tâcher de convaincre par des *faits* rassemblés ; ces faits eux-mêmes parleront ; ils parleront à des cœurs français : leur langage ne sera point méconnu.

Telle est l'unique tâche que je me suis imposée : puisse-t-elle être utilement remplie ! Il me fut doux sans doute d'avoir fait paroître ce foible essai l'année dernière, à cette époque toujours chère où de fidèles sujets célèbrent à l'envi les rares vertus d'un monarque adoré ; mais avec quel empressement et quelle ardeur j'ai, pour cet heureux anniversaire, recueilli, rassemblé des traits nouveaux ou échappés à mes recherches, quelques faits peu connus et des détails d'une précieuse exactitude sur d'importans événemens dont le souvenir seroit à jamais affreux, s'ils ne nous rappeloient à la fois et la grandeur d'âme et l'héroïsme de la fille de nos rois !

Un auguste hyménée a, dans le cours de ces douze mois, exaucé tous nos vœux ; le jour de la fête d'un bon père on doit parler de sa famille ; j'ai reproduit sous les yeux du lecteur quelques anecdotes, vers et couplets auxquels donna le jour cette alliance si désirée, qui promet à la France d'illustres rejetons, objets de tous ses désirs, et gage de son bonheur.

PORTRAIT DE HENRI IV.

Plusieurs historiens nous ont offert le portrait de Henri-le-Grand; Péréfixe dépeint ainsi sa figure : nous laisserons ensuite à Sully le soin de tracer le caractère d'un monarque dont il fut le ministre et l'ami.

« Henri IV, dit Péréfixe, avoit le front large, les yeux vifs, le nez aquilin, le teint vermeil, la physionomie douce et majestueuse, et malgré cela l'air martial; le poil brun et assez épais; il portoit la barbe large et les cheveux courts. Il commença à grisonner dès l'âge de 35 ans. A ce sujet, il avoit coutume de dire à ceux qui s'en étonnoient : *C'est le vent de mes adversités qui a soufflé là.* »

Ecoutons maintenant Sully :

« La nature prodigua à ce prince toutes ses faveurs, excepté celle d'une mort telle qu'il devoit l'espérer. Ses manières étoient si familières et si engageantes, que ce qu'il y mettoit quelquefois de majesté n'en déroboit jamais entièrement cet air de facilité et d'enjouement qui lui étoit naturel. Il étoit né généreux, vrai, sensible et compatissant. Il avoit pour ses sujets la tendresse d'une mère, et pour l'Etat l'attachement d'un père de famille. Cette disposition le ramenoit toujours, et du sein même des plaisirs, au projet de rendre son peuple heureux et son royaume florissant. De là cette fécondité à imaginer, et cette attention à multiplier une multitude de réglemens utiles. Il seroit difficile de nommer une branche de l'administration, et même une condition sur laquelle ses réflexions ne se soient portées. Il vouloit, disoit-il, que la gloire disposât de ses dernières années, et les rendît tout ensemble agréables à Dieu et utiles aux hommes. L'idée du grand et du beau se trouvoit placée comme d'elle-même dans son esprit; ce qui lui faisoit regarder l'adversité comme un simple obstacle passager. Le temps est la seule chose qui lui ait manqué pour conduire ses utiles projets à leur fin. L'ordre et l'économie étoient des vertus nées avec lui, et ne lui coûtoient presque rien. Jamais monarque n'auroit été plus en état de se passer de ministres : le détail des affaires n'étoit point pour lui un travail, mais un amusement. Les princes qui veulent s'occuper du gouvernement de leurs Etats, se trouvent souvent incapables ou de s'abaisser au détail des affaires, ou de s'élever à des objets plus importans. Mais l'esprit de Henri savoit se proportionner à tout. Ses différentes lettres en sont autant de preuves; et l'usage où l'on étoit de s'adresser à lui directement pour de simples bagatelles, le démontre encore plus clairement. Ce prince, par de continuelles réflexions sur les effets de la colère, par l'usage d'une longue adversité, par la nécessité de se faire des partisans, enfin par la trempe d'un cœur tourné vers la tendresse, avoit converti ses premiers transports si bouillans en de simples mouvemens d'impatience qui se faisoient apercevoir sur son visage, dans son geste, et plus rarement dans ses paroles. Malgré l'extérieur grave dont la majesté royale sembloit imposer la nécessité, il se livroit volontiers à la douce joie que l'égalité des conditions répand dans la société. Le vrai grand homme sait se plier aux plaisirs de la vie privée; il ne perd rien à s'abaisser ainsi dans le particulier, pourvu que, hors de cette sphère, il se montre également capable des devoirs de son rang; mais le courtisan se souvient toujours qu'il est avec son maître.

» Après avoir loué ce prince d'une infinité de qualités vraiment estimables, il ne faut pas dissimuler les défauts qui les ont obscurcies. Je m'imaginerois, ajoute M. de Sully, n'avoir travaillé qu'à demi pour l'instruction des hommes et surtout pour celle des princes, mon principal objet étant de satisfaire les uns et les autres, si je retranchois quelque chose de mon tableau. Je veux ouvrir devant eux le cœur où tant de grandeur se trouve mêlée à tant de foiblesse, afin que l'une devienne plus sensible par l'autre, et qu'ils se tiennent d'autant plus en garde contre une passion dangereuse. Cette passion pour les femmes, sa douceur souvent poussée jusqu'à la foiblesse, et son penchant pour tous les plaisirs, lui firent perdre du temps et l'entraînèrent dans de folles dépenses. Mais pour donner à la vérité ce qu'on lui doit des deux côtés, avouons que ses ennemis ont beaucoup exagéré ses défauts. Il fut, si l'on veut, l'esclave des femmes; mais jamais elles ne décidèrent du choix de ses ministres, ni du sort de ses serviteurs, ni des délibérations de son conseil. Ses autres défauts peuvent également être regardés comme des foiblesses. Il suffit de voir ce qu'il a fait, pour convenir qu'il n'y a aucune comparaison à faire dans sa personne entre le bien et le mal; et puisque l'honneur et la gloire ont toujours eu le pouvoir de l'arracher au plaisir, on doit les reconnoître pour ses grandes et véritables passions. »

LE PANACHE BLANC

DE HENRI IV.

PRÉCIS HISTORIQUE

DE LA VIE DU HÉROS.

D'un côté, des discordes intestines mal contenues par l'autorité, n'attendent qu'un gouvernement foible pour désoler la France ; de l'autre, les maisons de Foix et d'Albret dépouillées de la Navarre, par l'injuste Ferdinand, avoient transmis à la maison de Bourbon leurs droits violés et leur haine impuissante. Le respectable Henri d'Albret, qui, de son mariage avec l'illustre Marguerite, sœur de François Ier, n'a eu qu'une fille, attend le moment où *sa brebis enfantera un lion* (1). Ce moment arrive : *voici*

(1) Ce sont les propres termes de Henri Albret.

mon vengeur, s'écrie Henri d'Albret; il s'empare de cet enfant, il lui donne son nom, il se charge seul du soin de ses premières années, ou plutôt il l'abandonne à la nature, la plus tendre des mères, la plus sage des institutrices. Cet enfant, confondu parmi ceux du peuple, vêtu des mêmes habits, nourri des mêmes alimens, exerçant avec eux ses organes naissans, foulant, comme eux, de ses pieds nus, les neiges et les rochers des Pyrénées, offrant sa tête découverte aux ardeurs du soleil, aux agitations des vents, aux intempéries des saisons, c'est le prince de Navarre. Loin cette délicatesse superbe qui énerve les enfans des rois! Ne craignons plus pour Henri la dureté ni la mollesse; enfant, il a connu le mal: il voudra le soulager dans les autres, il saura le supporter pour lui-même. Il perd trop tôt l'aïeul qui le forma sur de tels principes; mais l'impression est faite, elle ne s'effacera jamais; le bienfait de l'éducation est éternel.

Henri s'élève, ses pensées se développent, ses yeux, du sommet des monts, cherchent sur la terre la vertu et l'humanité: des guerres de religion sont le premier spectacle qui vient les frapper.

La conjuration d'Amboise, le massacre de Vassy, ont donné le signal; les Guises paroissent défendre le trône, qu'ils ébranlent, et la religion, qu'ils dédaignent; Henri marche contre eux, sous les drapeaux de Condé, son oncle. Il a perdu un père vertueux et vaillant (1), mais foible et incertain. Condé lui tient lieu de père; Condé et Coligny sont ses maîtres dans l'art de la guerre; mais, à treize ans, il juge ses maîtres, et les instruit. « Attaquez, leur dit-il, à Loudun; » ne voyez-vous pas que si le duc d'Anjou avoit » des forces, comme il a l'avantage du lieu, il » s'empresseroit de vous attaquer lui-même? » Gardez-vous de combattre, leur disoit-il, à » Jarnac (2), vos troupes sont dispersées; celles » du duc d'Anjou sont réunies. Ah! s'écria-t-il » à Moncontour, indigné du soin qu'on prenoit » de le ménager mal à propos, nous perdons » notre avantage, et la bataille, par consé- » quent! » Au combat d'Arnai-le-Duc, il assure la victoire à son parti.

La paix vint suspendre ses exploits; la paix! puis-je honorer de ce nom le chef-d'œuvre du crime, l'exécrable monument des perfidies de Médicis? Sa haine et la trahison, vont former des nœuds que Henri détestera toujours, et qu'il sera forcé de rompre; tandis que Montmorency, sourd aux accens de l'horrible sirène, reste à Chantilly, et sauve ses frères par ce sage éloignement. Jeanne d'Albret expire, Coligny est égorgé; tous ses amis périssent, le fanatisme s'enivre du plaisir d'exterminer; les Guises et Médicis s'abreuvent de sang; le roi, le roi lui-

(1) Antoine de Bourbon, Roi de Navarre, par son mariage avec Jeanne d'Albret.

(2) Condé fut tué à cette bataille.

même........ O jour affreux! opprobre du nom français, plaie éternelle faite à la religion, à l'Etat, à l'humanité! Oublions-la, dit-on; non, non, souvenons-nous en toujours, pour toujours craindre le fanatisme.

Arrêtons-nous à considérer par quelles épreuves l'âme sensible de Henri est exercée. Cette nuit, ce réveil, ce sang ruisselant à ses yeux, ces cris qui retentissent jusqu'à lui, au fond des galeries du Louvre; ces deux haies d'assassins qui lui présentent la mort, sans oser la lui donner; ces imprécations d'un monarque cruel devant qui le roi de Navarre n'est qu'un sujet timide; ces abjurations forcées, que la tyrannie arrache à la bouche tremblante, et que le cœur désavoue en silence; cette nécessité de feindre, tantôt la captivité la plus dure, tantôt une fausse liberté qui n'est qu'un piége de plus; et parmi tant d'horreurs, la volupté, parée par les mains de Médicis, qui sourit perfidement au jeune Henri, et verse dans son cœur tous ses poisons. En est-ce assez? Cette cour criminelle a-t-elle épuisé toute l'industrie de la persécution? non, l'art de nuire est sans bornes. Un supplice nouveau est réservé à ce prince : le duc d'Anjou le traîne à sa suite; il veut que Henri soit l'instrument de ses vengeances. Tous les pas de Henri sont comptés et pesés, ses talens sont calculés; on en exige tout le produit. Déjà son nom, immortalisé par des succès brillans, lui méritent l'offre d'une couronne étrangère. Les ambassadeurs polonais viennent déposer à ses pieds ce prix de la valeur, ce gage de l'estime d'un grand peuple. Bientôt Charles IX, succombant sous le crime et le remords, vomit son sang, comme il avoit fait verser celui de ses sujets; il meurt, en maudissant sa mère et ses frères, en s'accusant lui-même. Sa femme et sa fille ont seules tous ses regrets; il les recommande, en ce dernier moment, à qui? à ce même Henri qu'il a rassasié d'outrages, et qu'il peut croire implacable. « Vous devez me haïr, » lui dit-il, et je vous confie tout ce que j'aime; » mais je vous connois, je n'ai trouvé qu'en » vous de l'honneur et de la foi. »

Fuis pourtant, généreux prince, fuis d'une cour où des frères veulent emprunter ton bras pour s'entr'égorger (1), et croient t'engager au crime par l'espérance d'en profiter; fuis d'une cour où, pour s'assurer le malheur de régner, Médicis, nouvelle Brunehant, corrompt, divise, empoisonne ses enfans. Qu'a de commun ton âme avec l'intrigue et le crime? Romps tes fers, tu le peux, tu le dois, tes sujets t'appellent, tes amis t'attendent, les mânes de Coligny et de Condé te demandent vengeance:

---

(1) Le duc d'Alençon avoit voulu assassiner Henri III : son frère, le Roi de Navarre, l'en avoit empêché. Henri III, se croyant empoisonné par le duc d'Alençon, voulut le faire assassiner par le Roi de Navarre. « En me vengeant, disoit-il, vous » montez au trône de la France. » Le Roi de Navarre étoit bien incapable d'y monter par un pareil moyen.

l'œil de la tyrannie se ferme ou se détourne. La valeur est libre.

Cependant la ligue éclate, monstre dont la mémoire fait frémir encore tout bon Français, monstre qui renverse les trônes au nom de la religion. Rome le caresse, l'Espagne le nourrit, la Lorraine et la Savoie rampent à ses pieds, Guise le conduit, Henri III s'en croit le maître, en est l'esclave, et en sera la victime.

L'évasion du roi de Navarre, sa retraite à la Rochelle, son crédit dans le parti protestant, tous les cœurs qu'on voit voler au-devant de lui, voilà ce qui détermine la ligue à se déclarer; mais son esprit dévastateur ravageoit sourdement la France depuis un demi-siècle : il dictoit ces lois dénaturées, il allumoit ces feux impies contre des infortunés dont il falloit seulement plaindre les erreurs et réprimer les excès; il les forçoit à la révolte, il rendoit un jeune roi l'assassin de son peuple. Maintenant il boulverse la France, il multiplie les crimes; et si les glaives des guerriers viennent à lui manquer, les poignards des fanatiques seront ses armes meurtrières.

C'est à ce monstre que le roi de Navarre déclare la guerre : il prend la défense des hommes, il embrasse la querelle des rois; il voit d'où l'on part, où l'on est, où l'on veut aller; de beaux prétextes, des mots sacrés ne lui en imposent pas; il sait que dans le langage des passions, venger Dieu n'est souvent que perdre un ennemi.

Le destin du roi de Navarre est de combattre ceux qu'il veut défendre. Henri III a flétri la gloire du duc d'Anjou ; à dix huit ans c'étoit un héros dans les batailles, à trente ce n'est qu'un enfant sur le trône. Sa conduite flottante étale tous les embarras de l'incertitude, tous les combats de l'irrésolution, et ce délire des inconséquences, qui annonce la chute des rois et les révolutions des Etats. La ligue qu'il brave et qu'il ménage toujours mal à propos, l'attache à un joug qu'il déteste, elle lui nomme ses amis et ses ennemis ; le duc de Guise, qui profite de tout, l'aide chaque jour à se détruire lui-même, il le force de s'armer contre le roi de Navarre, qui ne s'arme que contre la ligue ; les négociations se joignent aux hostilités : on fait, on défait, on confirme, on viole des traités, selon le besoin du moment, ou le caprice des courtisans ; la ligue établit cette maxime digne d'elle : *Qu'on ne doit rien aux hérétiques, pas même la bonne foi.*

Médicis veut encore essayer sur le roi de Navarre l'artifice usé de sa politique, et l'attrait toujours nouveau de la volupté Cent jeunes beautés qui l'accompagnent, exercées dans l'art de plaire et de trahir, viennent attaquer ce cœur qu'on connoît tendre, et qu'on croit foible ; elles demandent la paix en inspirant l'amour.

Mais...... ô contraste ! ô mélange de galanterie et de fureur ! les plaisirs, les fêtes embellissent cet asile que la guerre respecte à peine, et qu'elle entoure de toutes parts. A travers le son des instrumens, à travers des chants mélodieux, on peut entendre au loin le bruit des armes et les cris des mourans. Médicis embrasse Bourbon avec une gaieté folâtre, mais c'est pour s'assurer s'il offre un corps sans défense aux poignards qu'elle aiguise. Au milieu des jeux et des festins elle surprend une place, elle séduit un sujet, elle nuit, elle trompe, on lui rend gaiement ses perfidies; de jeunes courtisans ouvrent un bal; et tandis que l'œil les cherche encore dans le tumulte de l'assemblée, déjà ils sont au milieu des combats. Vainqueurs, ils reviennent, en souriant, déposer leurs lauriers aux pieds de leurs maîtresses indignées. Bourbon n'a pu être séduit, sera-t-il plus aisé à vaincre? La ligue espère l'accabler sous le nombre des ennemis: en quatre ans elle envoie contre lui jusqu'à dix armées: Bourbon connoît l'infériorité de ses forces, il compte peu sur les secours foibles, tardifs et dangereux de l'étranger qu'il ne néglige pourtant pas. Ses principales ressources sont en lui-même; sa pitié pour Henri III, son indignation contre la ligue, la nécessité de vaincre, quelques amis résolus à mourir avec lui, voilà ses soldats et ses armées. Il les multiplie par son activité, il les enflamme par sa confiance: sa valeur intelligente tantôt les guide avec précaution, tantôt les précipite avec furie, et toujours les mène à la victoire par des chemins différens. Il approfondit cet art destructeur, dont le chef-d'œuvre est de conserver. Le barbare ne fait que massacrer et brûler, l'homme de guerre évalue les circonstances, calcule les hasards, combine les forces physiques avec l'impulsion morale, prépare l'attaque, prolonge la défense, et produit les plus grands effets avec le moins de ressorts possibles. Voilà ce qui, chez toutes les nations, forme le guerrier et distingue le général; chez les Français il faut que les soldats lisent sur son front le présage de la victoire; et s'il peut être soldat avec eux, s'il les mène aux dangers, au lieu de les y envoyer, s'il prodigue son sang en ménageant le leur, si enfin ce soldat est un bon roi, c'est un roi invincible. Non, la force n'est rien, le nombre nuit plus qu'il ne sert : comptez les cœurs, et non les bras; la réputation du chef, l'amour du soldat, voilà ce qui enfante les prodiges. Un roi qu'on aime est un dieu tout-puissant : Bourbon doit triompher, il voit ses enfans dans tous ses braves, il est toujours avec eux, le premier à la charge, le dernier à la retraite; les plus grands périls il se les réserve, il les réclame comme un privilége de son rang.

Marmande, Eause, Nérac, Cahors, Amiens, Laon, La Fère, Rouen, vous vîtes ces témérités brillantes, ces phénomènes de courage, ces ressources du désespoir, ces exploits, ce sang-froid imperturbable, cette clémence qui distinguèrent si éminemment Henri, et lui valurent le surnom de *Grand*.

Mais ce prince eut le malheur d'exercer presque toujours ses talens militaires dans les guerres civiles ; aussi paroissoit-il affligé après la victoire : « Je ne puis me réjouir, disoit-il, » de voir mes sujets étendus morts sur la place ; » je perds lors même que je gagne. » Ce douloureux sentiment augmentoit encore sa juste indignation contre les partisans et les soutiens de la ligue.

Cette ligue, qui a irrité Henri III, en le méprisant, l'apaise en l'effrayant : naguères il envoyoit Joyeuse contre elle, c'est contre Bourbon qu'il l'envoie à présent ; Bourbon, entouré des trois armées de Joyeuse, de Mayenne et de Matignon, n'a ni troupes ni argent, et va les combattre ; il commence par Joyeuse ; l'audace et la joie éclatent dans les yeux de Bourbon : « Amis, dit-il à ses soldats, voici un nou- » veau marié dont la dot est encore tout entière » dans ses coffres, c'est à vous de l'y chercher. »

Les princes de son sang sont autour de lui. « Je n'ai rien à vous dire, vous êtes de la mai- » son de Bourbon, et, vive Dieu ! je vous mon- » trerai que je suis votre aîné. »

Le zèle s'empresse à défendre, à couvrir une tête si chère et si souvent exposée. « A quartier, » je vous prie, ne m'offusquez pas, je veux » paroître. »

Joyeuse croit l'envelopper de ses nombreux

bataillons, qui déjà poussent des cris de victoire; trois canons bien disposés ébranlent cette multitude; Bourbon l'entame et la dissipe; ce changement est l'ouvrage d'une heure.

Un avis infidèle annonce qu'on voit paroître l'armée du maréchal de Matignon. « Allons, » mes amis! ce sera ce qu'on n'a jamais vu, » deux batailles en un jour. »

Henri III a reçu le dernier outrage; la ligue l'a chassé du trône et de Paris : insensé! il s'est réduit à l'horrible ressource du crime. Le crime l'a vengé, mais en le plongeant plus avant dans l'abîme. C'est toujours au généreux Bourbon que les malheureux s'adressent; Henri III implore son appui, et tremble encore de l'obtenir. Bourbon vole à son secours; souvenir des injures, crainte des trahisons éprouvées, rien ne l'arrête : mais du sein de la tombe les Guises frappent leur assassin par la main d'un moine; les Valois ne sont plus.

Henri IV (donnons-lui désormais ce nom gravé dans le cœur de tous les Français), Henri IV est roi de France; mais il a tout son royaume à conquérir. Mayenne veut venger ses frères, c'est-à-dire, qu'il veut régner; et qui ne le veut pas alors? qui n'a pas des droits, quand les droits légitimes sont méprisés? Renverser la barrière éternelle que la loi Salique a mise entre le trône français et les femmes et les étrangers, ce n'est qu'un jeu pour la ligue. Philippe II, *ce démon du Midi*, ne dit-il pas insolemment : *Ma ville de Paris*, *ma ville d'Orléans ?* et c'est à des Français qu'il parle. Ne destine-t-il pas ce trône à sa fille ? Rome n'en a-t-il pas exclu les Bourbons ? Les Etats ne s'assemblent-ils pas pour en disposer ? La ligue a jeté son voile épais sur les yeux les plus clairvoyans ; elle a égaré les cœurs les plus fidèles ; la ligue règne jusque dans le camp de Henri : elle y souffle la discorde et la révolte ; tous veulent commander, nul ne veut obéir ; tous proposent des conditions, dictent des lois, mettent un prix aux services qu'ils ne rendent pas ; des sujets croient avoir le droit de dire à leur maître : « Pensez comme nous, ou vous » ne règnerez point. Jamais, leur répond » Henri, je ne forcerai la conscience du moindre » de mes sujets ; qui êtes-vous, pour forcer la » mienne ? » Cette réponse vertueuse les confond, et les irrite. Catholiques, protestans, tous s'observent d'un œil jaloux ; ambition, intérêt, fureur de secte, voilà ce que Henri voit autour de lui. Contraint dans sa religion, contraint dans l'amitié, obligé de se cacher pour parler à Sully ; c'est du sein de cet esclavage qu'il faut s'élever au trône ; c'est avec des sujets indociles qu'il faut combattre des sujets rebelles.

Cependant Mayenne le pousse du centre du royaume aux extrémités, et bientôt Henri, *roi sans royaume*, *mari sans femme*, *guerrier sans argent*, comme il le dit lui-même, n'aura plus que la mer pour asile ; pourtant il s'arrête sous les murs d'Arques. Henri, quelle est ton espérance? Ces trois mille hommes, épuisés de travaux et de fatigues, qui peuvent à peine porter leurs armes, attendront-ils trente mille conquérans que Mayenne conduit en triomphe sur leurs pas? Le comte de Belin, soldat de Mayenne, mais admirateur de Henri, pris par un détachement, est amené devant ce prince; il cherche des yeux une armée....... « Vous ne voyez pas tout, lui » dit Henri; comptez-vous pour rien la cause que » nous défendons, et Dieu qui combat pour » nous?» Belin se tait, et admire. La bataille s'engage; le prince est partout. « Mon compère, dit-il » au colonel Arreguer, je viens mourir ou acquérir de la gloire avec vous. Mon père, dit-il au » colonel Galaté, gardez-moi ici une pique, je » veux combattre à la tête de votre bataillon. » Un tel prince pouvoit-il ne pas vaincre? Mais le nombre l'accable; partout des troupes fraîches, opposées à ses troupes abattues; du moins, un brouillard favorable leur épargnoit encore le spectacle décourageant de la supériorité de l'ennemi; le soleil perce, et dissipe ce reste d'illusion. La force, la foiblesse, tout paroît au grand jour. Henri, ce dût être ta perte, ce sera ton salut. Le canon d'Arques a tonné sur Mayenne. On ne voit que files emportées, que rangs éclaircis, que bataillons ouverts. Le destin de Coutras s'étant encore déclaré dans les plaines d'Arques, il écrit ce billet si connu, qui suffiroit pour le peindre : *Pends-toi*, *brave Crillon*, *nous avons combattu à Arques, et tu n'y étois pas!*

Quelle vivacité dans son esprit! quelle énergie dans ses pensées! quelle noblesse dans ses harangues! Oubliera-t-on jamais celle qui enflamma ses guerriers, et le fit vaincre à Ivry? « Mes amis, nous courons même fortune. Si » vous perdez vos enseignes, ne perdez point de » vue mon panache blanc; vous le trouverez » toujours au chemin de l'honneur et de la vic» toire. » Cette bataille d'Ivry fut encore un triomphe du petit nombre sur la multitude. *Plus d'ennemis, plus de gloire;* c'étoit le mot de ce prince.

Sages, qui le condamnez d'avoir attaqué à Aumale, avec cent hommes, une armée entière, et une armée commandée par le prince de Parme, ou de s'être jeté seul, et sans casque, au milieu de six escadrons, pour ramener la victoire à Fontaine-Française, songez combien il importe à un roi, qui a son peuple à conquérir, de donner à ses exploits l'empreinte du merveilleux! Songez combien la réputation augmente les forces; combien l'enthousiasme change les hommes et les choses. « Je ne puis » faire autrement, disoit Henri lui-même à » Sully; je combats pour ma gloire et pour ma » couronne. »

A Fontaine-Française, on le voit sans ressources, on ose lui proposer la fuite. « La fuite à » Henri IV! je n'ai pas besoin de conseil, mais

» de secours ; il y a plus de danger à la fuite qu'à » la chasse. »

C'est avec ces maximes et cette conduite qu'on triomphe et qu'on règne. Le pénétrant Sixte-Quint promit d'abord l'empire et la victoire à cette activité intrépide. Farnèse (1) seul pouvoit la déconcerter ; Farnèse, qui pouvoit dire à Henri : « Je vais déboucher la Seine et la » Marne, prendre Lagny et Corbeil, tâchez de » m'en empêcher. » Il vint en France, et il délivra Paris ; il y revint, et délivra Rouen. Henri peut le défier, l'assaillir, le fatiguer, jamais l'entamer, ni le vaincre ; et la postérité doute encore lequel acquit plus de gloire, ou d'Henri, en surprenant Farnèse à Caudebec, ou de Farnèse, en échappant alors à Henri.

Du court récit de ses nombreux triomphes, passons aux traits de sa clémence et de son humanité ; que d'abord le cri de son cœur, au moment de chaque victoire, retentisse encore dans le nôtre : *Sauvez*, *soulagez*, *consolez les vaincus*, *épargnez le sang*, *et surtout le sang français*, lorsqu'engagé dans Eause, et ayant entendu des voix féroces s'écrier : « Tirez à ce » panache blanc ; c'est le roi de Navarre, » il arrêta les bras prêts à le venger, et borna la punition de ces méchans aux remords que devoit exciter en eux sa clémence. La duchesse de Montpensier, dans son humiliation, que trouva-t-elle en lui,

(1) Alexandre de Farnèse, prince de Parme.

après tant d'outrages? des égards respectueux et tendres. Après avoir fatigué le duc de Mayenne à la promenade, il lui dit ce mot divin : « Mon » cousin, c'est la seule vengeance que je pren- » drai de vous. »

Au siége de Paris, son cœur est déchiré, ses yeux sont baignés de larmes : « Laissez, s'écrie- » t-il, laissez venir à moi ces malheureux ; les » ligueurs, les Espagnols, peuvent les voir périr » d'un œil sec ; ils n'en sont que les tyrans : je » sens que je suis leur père. Qu'importent mes » intérêts et l'espérance d'un succès incertain? » est-il d'autre intérêt, d'autre succès, que de » sauver mes enfans? » Il ordonne de nourrir tous ceux qu'un mépris barbare de l'humanité désigne sous le nom de *bouches inutiles ;* il permet que la compassion s'étende jusques sur ceux que la contrainte ou la fureur retient encore dans la ville. Les lois de la guerre envoyoient au gibet deux paysans qui avoient porté du pain à une poterne ; le roi les rencontre ; ils tombent à ses pieds : « Nous n'avions pas, disent-ils, » d'autre moyen de gagner notre vie. — Je leur » fais grâce, s'écrie le roi, les larmes aux yeux, » ou plutôt je les approuve, ils ont nourri des » hommes. » Il leur donne tout l'argent qu'il avoit sur lui. « Le Béarnais est pauvre, ajoute-t-il ; s'il » en avoit davantage, il vous le donneroit. »

« Grand roi ! s'écrie le duc de Feria lui- » même, en fuyant de Paris, grand roi, l'em- » pire du monde t'est dû! »

Enfin Henri est sur un trône! sur ce trône que peut-être il a reconquis plutôt encore par ses rares vertus que par sa valeur éclatante.

« Mon peuple a souffert, il faut le soulager;
» il respire, ce n'est pas assez, il faut qu'il soit
» heureux. » Voilà toute la politique d'Henri IV; voilà le soin qui remplit tout son règne. La guerre et la gloire ne furent pour lui que des moyens; le bonheur public est le but qu'il se propose : il n'a voulu être illustre que pour être bienfaisant, sa conduite va justifier ses conquêtes. Peuple trop long-temps aveuglé, tu reconnoîtras enfin que c'est pour toi qu'il a vaincu!

L'objet le plus important est celui qui l'occupe le premier, la religion.

Henri sait que la foi qu'il a reçue de ses pères n'est pas celle de ses aïeux; il voit, du côté de l'Eglise romaine, l'antiquité et l'autorité; il considère ce qu'ont produit les innovations des derniers temps; la ligue en est le fruit. L'empire de la haine s'accroît, celui de la concorde s'éteint, et le sang coule pour des opinions.

Henri pense tout concilier au moyen de son abjuration; son espoir est déçu : par une de ces bizarreries qu'enfantent les factions, par un de ces étranges changemens qui rapprochent les extrêmes, c'est avec la ligue, c'est avec l'Espagne que les protestans vont conspirer contre un roi qui les protége, qui s'épuise pour verser en secret sur eux des bienfaits ignorés des catholiques ; c'est au moment où la perte imprévue d'Amiens répand la consternation dans tout le royaume qu'ils menacent de prendre les armes, si un édit honteux ne leur accorde l'indépendance. Le roi ne leur doit que la liberté et la sûreté, il leur assurera l'une et l'autre, lorsqu'ils cesseront de menacer (1). Il ne peut être ingrat ; mais il ne souffrira pas qu'on abuse du malheur public pour le forcer à une reconnoissance excessive : il perdra plutôt la couronne que de souffrir qu'elle perde entre ses mains la moindre prérogative ; il reprend Amiens, il repousse l'ennemi étranger, il contient l'ennemi domestique ; il donne à la fois la paix, et aux provinces françaises que la ligue troubloit encore, et à l'Espagne qui si longtemps troubla la France entière, et aux protestans qui vouloient encore la troubler. Il la donne aussi à cet adroit et opiniâtre duc de Savoie, qui rend Biron infidèle, qui séduit tout, excepté Sully, et qui seroit le plus redoutable ennemi de la France, si sa force égaloit son artifice. Henri, la sérénité dans les yeux, la paix dans le cœur, oppose aux flots tumultueux une fermeté sans roideur, des ménagemens sans foiblesse, l'art de calmer et de contenir. « Je vous » prie, dit-il au parlement, d'enregistrer mon » édit : le rejeter, c'est déclarer la guerre à » mes sujets protestans ; je ne la leur ferai cer-

(1) Edit de Nantes, 1598.

» tainement pas, je vous enverrai la faire à ma » place. »

Enfans inquiets d'un père si pacifique, ne portez plus l'horreur au sein de sa famille, jouissez de sa tendresse et de ses bienfaits.. .... Je vois Henri s'enflammer du saint amour de la paix, il cherche à l'établir sur des bases éternelles. Il conçoit enfin le projet d'une paix qui doit lier à jamais les peuples et les rois; cette paix s'appellera *la paix perpétuelle.*

A cette idée il tressaille de joie et d'espérance, il la médite, il l'approfondit; les difficultés s'aplanissent, la possibilité se montre, son plan se forme, Sully le trace; et sans le couteau de Ravaillac, il alloit consommer ce grand ouvrage. Peuples, revoyez ce plan de bonheur et de paix, ce monument de l'âme d'un bon roi; que vos vœux, que vos soupirs en demandent sans cesse l'exécution aux princes qui vous gouvernent, au Roi qui gouverne les rois.

Nous n'avons pu jouir du fruit de cette grande, de cette sublime conception; mais du moins retraçons quelques-uns des travaux qui furent projetés ou exécutés sous ce règne si mémorable. L'infirmité, l'indigence trouvent de nouveaux asiles plus sains et plus sûrs; le soldat qui a consumé ses belles années au service de l'Etat, voit l'Etat reconnoissant se charger de sa vieillesse et de sa misère. Henri IV et Sully donnent à Louis XIV et à Louvois l'idée de cet établissement immortel où des lits de lauriers appartiennent à la valeur éprouvée.

L'instruction gratuite dans l'Université, l'École militaire, ces nobles projets si heureusement exécutés de nos jours, avoient été conçus par Henri IV.

La sévérité de la justice fut aussi l'objet de tous ses vœux, et le débiteur infidèle étoit à ses yeux un ennemi public. « Je paie mes dettes, » dit-il, je veux que mes sujets paient les leurs. » L'autorité tire sa plus grande force de l'exemple qu'elle donne.

Les lettres, ornement d'un règne heureux, reprennent quelqu'éclat sous Henri IV : les talens ont leur récompense ; Casaubon est fixé en France par des bienfaits.

Le Collége Royal, cette noble institution *du père des lettres*, s'étoit ressenti des malheurs publics ; les professeurs, privés du fruit de leurs travaux, le redemandent à Henri IV. Voici sa réponse, on l'y reconnoîtra : « Qu'on » diminue de ma dépense, qu'on ôte de ma » table pour payer mes lecteurs, je veux les » contenter. Sully les paiera. » Sully les paya.

On reproche à Henri des momens de foiblesse près d'un sexe qui a tout pour séduire. Eh ! quel est donc ce Roi que l'amour entraîne et n'aveugle jamais, qui peut dire à une maîtresse adorée et digne de l'être : « Je renon» cerois plutôt à dix maîtresses comme vous » qu'à un ami comme Sully. » Quel est ce Roi dont un sujet combat impunément toutes les passions ? ce Roi aux yeux duquel on peut déchirer une promesse de mariage qu'il a faite et qu'il communique, ce Roi à qui on peut dire dans l'enthousiasme d'une action si hardie : Oui, je suis fou, et plût à Dieu que je le fusse tout seul en ce moment ! ô sublime colère ! ô courageuse amitié ! ô que le prince est grand qui a pu mériter un tel ami, et sentir le prix d'un tel emportement !

Henri est foible !.... ô peuple qu'il aime, respecte à jamais ces foiblesses qu'il t'a sacrifiées, ces foiblesses qui t'ont prouvé son amour ! ce prince nourrit et combat une passion invincible et funeste ; un désir généreux, un espoir perfide se sont glissés dans son cœur ; il a cru qu'il pouvoit être permis à un Roi de se rendre heureux en couronnant ce qu'il aime, il a cru pouvoir élever sur son trône celle qui régnoit sur son âme. Le sévère Sully l'a désabusé ; mais du moins ce trône ne sera point partagé avec une autre femme (1). C'est sa dernière espérance, Sully la lui enlève encore ; il lui porte les vœux d'un peuple qui réclame des rejetons de cette race sacrée. Henri se tait et gémit, Sully avance. Nous vous avons marié, Sire : le nom de Médicis, nom déjà si fatal à la France, est aussitôt prononcé ! Ce prince reste un moment comme

---

(1) Son mariage avec Marguerite de Valois avoit été déclaré nul en 1599, du consentement de cette princesse.

frappé de la foudre; mais revenant à lui, et reprenant sa grandeur : « Eh bien, » s'écrie-t-il avec un transport qui exprime ses combats et sa victoire, « puisque mon peuple le désire, puisque » c'est le bien de mon royaume et le vœu de mes » amis, je suis prêt à tout. » Quel noble sacrifice ! quel exemple pour les Rois !

Hélas ! pourquoi faut-il qu'un bonheur parfait n'accompagne pas une telle alliance, ne récompense point de si beaux sentimens? pourquoi? faut-il l'avouer? Henri n'est pas heureux, la jalousie, la discorde, l'intrigue, qui devroient au moins ne troubler que sa cour, désolent l'intérieur de sa maison. Une cabale, ennemie de Henri IV, gouverne Médicis, et Médicis hait son mari, parce que des valets le lui ordonnent. Henri commande à son cœur de l'aimer; et tandis que la sécheresse hautaine et l'aigreur impérieuse de cette femme le fatiguent de plaintes et l'accablent de reproches, il la comble de bienfaits. Attentions délicates, soins empressés sont vainement mis en usage. Quand, succombant aux travaux pénibles du gouvernement, Henri, plein du désir de plaire à la Reine, attend de son entretien et de sa tendresse un délassement bien doux, repoussé par une froideur glaçante, ou rebuté par des cris importuns, le désespoir dans l'âme, il est forcé de s'éloigner. Ainsi l'auteur de la félicité publique ne peut lui-même goûter les charmes d'une vie heureuse et paisible. Sully lui conseille toujours la fermeté, et il s'étonne qu'un monarque qui a pacifié l'Europe, ne puisse fixer la paix dans sa maison, qu'un héros, que nul péril n'a jamais fait pâlir, se trouble et frémisse aux cris d'une femme.

Henri supporte avec courage ses chagrins domestiques, il devient père : voilà sa consolation. Le ciel lui donne un dauphin, Henri le montre à son peuple; le berceau découvert de cet enfant précieux est porté dans Paris aux acclamations de ce peuple enchanté, qui croit voir le bonheur public renaitre et se perpétuer avec Henri.

Le respect est l'ouvrage des hommes, il gêne l'esprit, il glace le cœur; l'amour est le chef-d'œuvre de la nature, il enflamme, il transporte. C'est par l'amour que Henri veut être honoré de ses peuples et de ses enfans; il ne veut être connu de ses fils qu'en qualité de père, et non de maître; il les accoutume à ces noms qui expriment les rapports sacrés de la nature; il rejette ceux qui ne rappellent que le rang et l'autorité. Cet affranchissement d'étiquette se fait sentir même au milieu de sa cour. Un ambassadeur d'Espagne, accoutumé dans le palais de son maître à ces barrières que le respect mettoit entre les grands même et le prince, s'étonne de la liberté avec laquelle la noblesse française entouroit et pressoit son Roi. « Vous ne voyez rien, répond Henri, ils me » pressent bien autrement dans les batailles. »

Le corps de ville de Paris vient féliciter le Roi sur ses victoires. Henri montre Biron qui a eu l'honneur d'y contribuer, Biron qu'il aime, et qui lui doit la vie, Biron qui le servit bien avant de le trahir deux fois. « Voici, dit-il, » un homme que je présente volontiers à mes » amis et à mes ennemis. » C'est avec cette grâce sublime qu'il savoit remercier ses sujets d'avoir fait leur devoir. Quels services un tel mot ne récompensoit-il pas ?

Dans les camps, ce n'étoit pas seulement par la valeur qu'il étoit soldat, c'étoit encore par cet amour de l'égalité qui lui est propre. Les historiens nous le représentent (répétons leurs termes, et gardons-nous d'embellir la vérité) « assis au corps-de-garde avec les soldats, » couché avec eux sur la paille, tenant d'une » main un morceau de pain bis qu'il mange, » de l'autre un charbon avec lequel il dessine » un camp et des tranchées ; ils nous le mon» trent prenant le pic, fouillant la terre, ou» vrant lui-même ces tranchées qu'il a tracées. »

Henri cherche le peuple, il aime à voir la vérité sortir sans effort de ces bouches grossières. Mêlé dans les hôtelleries avec les marchands et les voyageurs, dans les cabanes avec les laboureurs et les bergers ; nouveau Germanicus, il jouit de sa renommée, il recueille ces éloges que l'art du courtisan n'a point préparés. Si une foible plainte, un léger reproche perçant à travers les bénédictions de la reconnoissance, lui indiquent quelque plaie de l'Etat à fermer, ou quelque victoire à remporter sur lui-même, le vœu de son peuple n'est jamais trompé! J'aime à me représenter ces courtisans étonnés de reconnoître un grand Roi au fond d'une chaumière; ces paysans, confus d'avoir reçu leur Roi, de l'avoir jugé, de l'avoir loué, de l'avoir grondé, qui accusent l'indiscrétion de leurs discours, la familiarité de leurs louanges, l'audace de leurs critiques; et Henri qui, les larmes aux yeux, leur sourit, les caresse, jouit de leur surprise, de leur amour et des bienfaits dont il les a comblés. Plaisirs dignes de Henri! popularité qui sied à l'héroïsme! bonhomie adorable (1) qui embellit la gloire!

Les courtisans redoutant, ou pour le Roi les dangers qu'il peut courir, ou pour eux les vérités qu'il peut entendre, le conjurent de ne plus tromper leur vigilance, de ne point s'éloigner des secours de leur zèle. « Eh! qu'ai-je » besoin de secours, dit-il, au milieu de mes » enfans? ai-je mérité de les craindre? »

Après l'amour de l'égalité, le trait qui me frappe le plus dans ce prince, c'est la clémence. On lui parle d'un ennemi farouche et fanatique dont sa bonté n'a pu encore fléchir la haine: « Je lui ferai tant de bien, dit-il, que je le forcerai de m'aimer. »

---

(1) Ce mot a déjà été appliqué à Henri IV, et il le caractérise.

Quel est cet homme auquel il aime à confier le soin de sa vie, qu'il a voulu, malgré Vitry, recevoir au nombre de ses gardes, dont il exalte la valeur et la fidélité, qu'il montre avec estime à tous ses amis? C'est le soldat qui l'a blessé au combat d'Aumale.

Parmi les furieux qui attentèrent à ses jours, il sauva tous ceux que le moindre prétexte put dérober à sa justice ; et, malgré la nécessité de couper la racine des conspirations toujours renaissantes, et d'éteindre le feu des factions dans le sang d'un coupable puissant, il avoit pardonné à Biron : il lui auroit pardonné encore si Biron l'avoit permis.

Henri est de tous les rois, c'est peu dire, il est de tous les hommes celui qui a le plus senti le besoin de l'amitié, et qui en a le mieux connu le prix.

Sully a l'ascendant d'un sage, Henri a le cœur d'un ami. Voyez comme il tremble devant Sully, quand il a quelque foiblesse à lui montrer! Comme il prévient son juge! comme il bégaie avec embarras sa timide confidence! comme il veut en retenir une partie! comme elle lui échappe tout entière! comme il s'irrite! comme il s'apaise, comme tous ses mouvemens sont vrais et bons! Après ces petits orages qui, dans l'amitié même, naissent de l'opposition des caractères, c'est toujours Henri qui s'empresse à revenir. « Nos petits débats, dit-il à Sully, » ne doivent jamais passer les vingt-quatre

» heures. » Un jour il sort furieux du cabinet de Sully, et prononce ces terribles paroles devant les courtisans qui en triomphent : « Non, » je ne peux plus vivre avec cet homme, il m'est » insupportable par sa rudesse et ses contra- » dictions, je ne le verrai de quinze jours. » (Sa colère même ne lui faisoit pas prévoir un plus long éloignement.) Le lendemain, la première voix qui frappe les oreilles de Sully au fond de ce cabinet où l'aurore le trouve occupé à servir ce maître irrité, c'est celle de Henri qui vient (osons le dire à sa gloire) demander pardon à son ami, et rougir en grand homme de son emportement ; puis se tournant vers les courtisans, dont la veille il avoit remarqué la maligne joie : « Il y a, dit-il, des gens assez » simples pour croire que quand je me fâche » contre Sully, c'est tout de bon : qu'ils sachent » qu'entre Sully et moi il n'y a que l'amitié de » durable, et que c'est pour la vie. »

Peu de temps auparavant, une calomnie, *travaillée de main de courtisan*, selon l'expression de Sully lui-même, avoit sapé les fondemens de cette amitié respectable : on avoit représenté Sully comme dangereux, comme prêt à s'armer contre son maître, des bienfaits de son ami ; on avoit cité les exemples de tant d'ingrats et de traîtres, dont ces temps malheureux abondoient ; les avis étoient si multipliés, si détaillés ; toutes les circonstances avoient été rassemblées avec tant d'art, qu'elles avoient ébranlé Henri. Déjà son cœur se resserre et s'éloigne; Sully voit le progrès de la calomnie, peut l'arrêter d'un seul mot, et ne daigne pas le dire; Henri attend ce mot, et ne l'exige point : la douce familiarité, le badinage aimable, la liberté, la confiance, avoient fui de leurs entretiens; Henri n'étoit plus que poli, Sully n'étoit plus que respectueux : le ministre n'étoit pas renvoyé; mais l'ami étoit disgracié. Qu'il est dur et difficile de cesser d'aimer! Henri jette de temps en temps, sur celui qu'il aima, des regards de tendresse et de regret; et s'il voit sur son visage quelques traces de douleur, s'il croit reconnoître, à quelque marque, son fidèle Sully, son cœur ne se contient plus; ses bras vont s'ouvrir, il va se jeter au cou de son ami; un reste de défiance, et toujours ce fier silence de Sully le retiennent encore..... Il succombe enfin : « Sully, lui dit-il, » n'auriez-vous rien à me dire? Quoi! Sully n'a » plus rien à me dire! Comment pouvez-vous » laisser à votre ami le désespoir de vous croire » infidèle? » Sully, pénétré de ce tort, le seul qu'il ait pu avoir, veut tomber aux pieds de Henri.... « Que faites-vous, Sully, lui dit le roi, » vos ennemis vous voient; ils vont penser que » je vous pardonne! »

Il est une manière de réparer ses torts, bien supérieure quelquefois à l'avantage de n'en avoir point eu. Henri a tout préparé pour la bataille d'Ivry, il va donner le signal; il se souvient que, la veille, un mouvement d'impatience lui arracha un mot désobligeant pour le colonel Schomberg; il court à lui, et l'embrassant avec tendresse, « Nous voici, lui dit-il, sur le champ » de bataille, je peux y rester; il n'est pas juste » que j'emporte au tombeau l'honneur d'un » brave homme tel que vous; je viens réparer » mon injustice, et déclarer que je vous recon- » nois pour un des plus vaillans de mon armée. » — Sire, répond le colonel, pleurant d'admira- » tion, d'amour et de reconnoissance, si j'avois » mille vies, il faudroit à présent vous les sacri- » fier toutes. »

Ambitieux courtisans, et vous, femmes altières, voilà ce roi que vous avez pu ne pas aimer! comment donc étoient faits vos cœurs? Ici, je veux taire vos noms trop célèbres; je rappellerai seulement que vous fûtes *ennemis* d'Henri IV; ce titre vous condamne assez aux yeux de la postérité : que dis-je? la postérité, ce juge impartial et terrible pourra-t-il ne jamais concevoir d'odieux soupçons sur vous? Je m'arrête : je ne veux point savoir ce que l'histoire ignore, ou ce qu'elle a, jusqu'ici, frémi de nous apprendre; je veux croire que l'affreuse catastrophe qui couvrit la France d'un voile funèbre n'a eu d'autre auteur qu'un vil scélérat, ni d'autre principe que la superstition : votre mémoire est assez chargée du crime d'avoir haï un si bon prince, sans qu'on vous accuse encore.... Mais il est percé sous vos yeux, à vos côtés, presque entre vos bras; il meurt : Sully est forcé à la retraite, et Concini règne ; il meurt, et la victoire enfin est restée à la ligue.

Ombre heureuse, ombre adorée, si tu fus alors témoin de l'affliction profonde et de l'extrême douleur d'une nation dans les larmes ; si, naguère du haut de l'éthérée, l'excès des maux, l'aspect de la désolation de ton peuple chéri durent déchirer ton âme, jouis aujourd'hui du spectacle ravissant d'une gloire nouvelle : recueille encore le fruit de tes faits éclatans, de ta sagesse, de ta bonté ; entends la France entière, au sortir de l'abîme, invoquer ton nom, répéter avec enthousiasme ce chant national que tu lui as transmis ! entends aussi ces acclamations redemander tes illustres descendans ! vois ces flots orgueilleux ramener tes petits-fils sur la terre de leurs ancêtres ! vois enfin cette statue fameuse, renversée par l'erreur, relevée par la raison, redevenir l'idole publique, et l'objet de notre contemplation.

Henri, accepte le vœu d'un Français ! exauce sa prière ! sois le génie tutélaire de notre chère patrie, veille sans cesse sur elle, veille sur tes enfans ; détourne à jamais loin d'eux le courroux céleste, et préserve-nous des fléaux destructeurs. Inspire à l'Europe entière cet amour de l'union et de la paix, qui fait à la fois la force des peuples, la richesse des Etats, et le bonheur des Rois.

ANECDOTES

CHOISIES ET CLASSÉES.

BRAVOURE. — CLÉMENCE. — AMOUR POUR LE PEUPLE. — AMOUR POUR LES DAMES. — BONS MOTS.

BRAVOURE.

UN des premiers traits de la bravoure et de l'intrépidité du jeune Henri, fut devant la ville de Marmande, l'an 1575.

On le vit, revêtu d'une simple cuirasse, combattre tout un jour pour couvrir la retraite de quelques seigneurs qui s'étoient imprudemment engagés dans les fortifications de la place.

L'année 1576, la ville d'Eause, en Armagnac, soulevée par des mutins, avoit refusé de laisser entrer la garnison que le roi de Navarre y envoyoit. Il étoit aux portes de cette ville avant que l'on fût averti de sa marche; il y entra, sans obstacle, à la tête de quinze ou seize hommes d'armes, qui le suivoient de plus près que le reste de sa troupe : on abaissa aussitôt la herse, qui sépara cette petite poignée de gens du gros qui restoit hors la ville. On sonna le tocsin ; une cinquantaine de soldats accoururent, et on entendit crier : « Tirez à cette » jupe d'écarlate et à ce panache blanc, c'est » le roi de Navarre. » « Mes amis, dit alors ce » prince, mes compagnons, c'est ici qu'il faut » montrer du courage et de la résolution ; car » c'est de là que dépend notre salut. Que » chacun donc me suive et fasse comme moi, » sans tirer le coup de pistolet qu'il ne porte. » La ville se remplit bientôt de soldats de Henri, qui avoient enfoncé les portes ; tous les habitans alloient être passés au fil de l'épée, si les principaux d'entr'eux, les consuls à leur tête, ne fussent venus se jeter aux pieds du roi de Navarre. Il se laissa fléchir, et se contenta, pour toute punition, de faire pendre quatre de ceux qui avoient tiré au panache blanc. Ce combat dura cinq jours et cinq nuits. Les assiégés attendoient un renfort, et ne cherchoient qu'à faire durer l'attaque jusqu'à l'arrivée de ce secours. On apprit bientôt qu'il étoit proche ; dans cette extrémité, les officiers, épuisés de fatigues, s'assemblèrent auprès du roi de Navarre, et le conjurèrent avec instance de se procurer une retraite avant que les ennemis eussent pénétré dans la ville ; mais, surmontant la douleur qu'il ressentoit, il se tourna vers eux en riant, et avec une intrépidité qui en inspiroit aux plus foibles, il se contenta de leur répondre : « Il » est dit là haut ce qu'il doit être fait de moi » en cette occasion ; souvenez que ma retraite » hors de cette ville, sans l'avoir assurée au » parti, sera la retraite de ma vie hors de ce » corps : il y va trop de mon honneur d'en user » autrement ; ainsi, qu'on ne me parle plus » que de combattre, de vaincre, ou de mourir.» La fortune seconda son courage, et la ville fut prise. Le soir même, le Roi soupant au château de Blasny, on lui annonça que le MARÉCHAL D'AUMONT, un des plus braves officiers de l'armée, venoit lui rendre compte de quelque chose. Ce bon prince se leva aussitôt ; alla au-devant de lui, l'embrassa tendrement, et le fit asseoir à table avec ses paroles obligeantes : Il est bien juste que vous soyez du festin, puisque vous m'avez si bien servi à mes noces.

CLÉMENCE.

La clémence est, sans contredit, le plus bel apanage des Rois; cette rare qualité, qu'on estime chez le reste des hommes, devient admirable dans un souverain, parce que le souverain possède tous les moyens de tirer une éclatante vengeance de la plus légère offense, ou de perdre à jamais un ennemi. Henri IV remporta plus de victoires encore par la clémence et la modération qu'avec ses armées et son intrépidité.

*« Un jour Henri IV chassant ès forêts d'Ailas, » il avise à ses talons le capitaine Michau, bien » monté, ayant une couple de pistolets à canons » bandés et amorcés ; le Roi seul et mal assisté, » comme c'est la coutume des chasseurs de s'é- » carter. Henri le voyant approcher, lui dit, » d'une façon hardie et assurée : Capitaine Mi- » chau, mets pied à terre, je veux essayer ton » cheval, s'il est si bon que tu dis. Le capi- » taine Michau obéit, et met pied à terre. Le » Roi monte sur son cheval, et prenant les » deux pistolets : veux-tu, se dit-il, tuer quel- » qu'un ? On m'a dit que tu voulois me tuer ; » mais je te puis tuer toi-même, si je veux ; et » disant cela, il tira les deux pistolets en l'air,

» lui commandant de le suivre. Le capitaine, » s'étant fort exécusé, prend congé deux jours » après, et oncques depuis ne parut. »

*Il en agit aussi noblement avec un gentilhomme nommé Gavarel, instrument des fureurs de la ligue : c'étoit sur le chemin de Gontaud que le coup devoit se commettre. Henri l'arrête, lui prend son pistolet, le décharge et pique des deux.

*Au siége d'Essans en Guienne, un soldat qui étoit sur le rempart, reconnut Henri IV à l'écharpe blanche qu'il portoit, et le coucha en joue, en disant : « voilà pour le Béarnais, il ne sera plus question de lui ; » mais heureusement il manqua son coup : la place fut emportée d'assaut. Les assiégeans le reconnurent, et il fut aussitôt pendu. Le gibet tomba, et ce soldat se seroit sauvé, si un fantassin de l'armée du Roi ne l'eût tué d'un coup de poignard. Ce prince l'apprit, et en fut si fâché qu'il congédia celui qui l'avoit tué, en disant qu'il y avoit de l'inhumanité à arracher la vie à un malheureux que le sort avoit sauvé de la corde. On exhortoit ce prince à traiter avec rigueur quelques places de la ligue qu'il avoit réduites par la force. Il se contenta de répondre : La satisfaction que l'on tire de la vengeance ne dure qu'un moment, mais celle que donne la clémence est éternelle.

*Peu de temps après la paix de Vervins, ce prince, revenant de la chasse, vêtu simplement et n'ayant avec lui que deux ou trois gentilshommes, passa la rivière au quai Malaquai, à l'endroit où l'on passe encore aujourd'hui. Voyant que le batelier ne le connoissoit pas, il lui demanda ce que l'on disoit de la paix. « Ma foi, je ne sais pas ce que c'est que » cette belle paix, répondit le batelier; il y a des » impôts sur tout, et jusque sur ce misérable » bateau, avec lequel j'ai bien de la peine à vivre. » — Et le Roi, continua Henri, ne compte-t-il pas » mettre ordre à tous ces impôts-là? — Le Roi » est un assez bon homme, répondit le rustre, » mais il a une maîtresse à qui il faut tant de » belles robes et tant d'affiquets, et c'est nous qui » payons tout cela : passe encore si elle n'étoit » qu'à lui; mais on dit qu'elle se fait caresser » par bien d'autres. » Henri IV, que cette conversation avoit beaucoup amusé, envoya le lendemain chercher ce batelier, et lui fit répéter, devant la duchesse de Beaufort, tout ce qu'il avoit dit la veille. La duchesse, fort irritée, vouloit le faire pendre. « Vous êtes folle, dit le » Roi; c'est un pauvre diable que la misère » rend de mauvaise humeur : je ne veux plus » qu'il paie rien pour son bateau, et je suis sûr » qu'il chantera tous les jours : *Vive Henri! vive* » *Gabrielle!* »

*Henri IV avoit conservé le ton de l'ancienne chevalerie. Sa franchise, son respect pour les dames, pouvoient bien l'égaler à ces héros auxquels on a donné le titre de chevalier *sans* *reproches.* Comme eux, il avoit la gloire, et, comme eux, il aimoit à se parer des enseignes qu'il avoit gagnées dans les combats. La duchesse de Guise, qu'il appeloit sa bonne cousine, lui ayant demandé un passe-port, il ne se contenta pas de le lui accorder, il alla au-devant d'elle, et l'ayant conduite dans sa chambre, il lui dit : « Ma cousine, vous voyez comme je vous aime, » car je me suis paré pour l'amour de vous. — » Sire, lui dit la duchesse, en riant, je ne vois » pas que vous soyez aussi paré que vous le » dites, et vous n'avez pas sujet de vous en » vanter. — Si ai, dit le Roi; mais vous ne vous » en amusez pas. Alors, montrant son chapeau; » voilà, continua-t-il, une enseigne que j'ai ga- » gnée à la bataille de Coutras, pour ma part » de butin et victoire; cette autre, je l'ai gagnée » à la bataille d'Ivry; voulez-vous donc, ma cou- » sine, voir sur moi deux plus belles marques » et parure, pour me montrer bien paré? » Madame de Guise en convint. — « Mais, lui » répliqua-t-elle fièrement, vous ne sauriez, » Sire, m'en montrer une seule de monsieur » mon mari. — Non, dit le prince, d'autant que » nous ne nous sommes jamais rencontrés ni » attaqués; mais si nous en fussions, par cas, » venus là, je ne sais ce que c'en fût été. » Le Roi, dans cette conversation, ne montra pas le moindre ressentiment, et ne parut occupé que de sa gloire.

*Les magistrats de Paris, le lendemain que cette ville se rendit au Roi, présentèrent à ce prince l'hypocras, des dragées et des flambeaux, et supplièrent Sa Majesté d'excuser la pauvreté de cette ville de Paris. Il leur dit : « Qu'il les » remercioit de ce que, le jour de devant, ils » lui avoient fait présent de leur cœur, et main- » tenant de leurs biens; qu'il les acceptoit avec » le plus grand plaisir; et ajouta que, pour » leur en donner la preuve, il demeureroit avec » eux, et en leur garde, et qu'il n'en vouloit » point d'autre. »

Ce prince continua d'user, dans cette rencontre, de tant de bonté et de clémence, qu'il gagna tous les cœurs. La duchesse de Montpensier, qui avoit le plus contribué à fomenter les dissensions, écrivit au duc de Mayenne, son frère, et au duc de Guise, son neveu, qu'elle leur conseilloit de s'accommoder promptement avec Henri, s'ils ne vouloient pas demeurer tous seuls; étant impossible, vu la façon dont ce prince agissoit avec ses plus cruels ennemis, que tout le monde ne les quittât, et ne se donnât à lui.

La duchesse se trouvoit alors à Paris, et croyoit avoir tout à craindre. Le Roi lui fait une visite, lui parle avec la même bonté que si elle se fût toujours déclarée pour lui, et lui demande collation. Il s'aperçoit qu'elle vouloit faire elle-même l'essai de tous les mets avant qu'il y touchât; il s'y opposa, en lui disant : « qu'elle est

» de sang qui n'a jamais empoisonné personne, » et qui sait d'autres moyens pour se venger de » ses ennemis. »

* Des religieux, ou peu instruits, ou trop attachés aux maximes ultramontaines, refusèrent de donner au Roi les prières nominales et publiques. Quand on lui parla de les punir, il répondit : « Il faut attendre ; ils sont encore fâchés. »

* Tous ceux qui voulurent avoir leur pardon, l'obtinrent du monarque victorieux. Un ligueur qui, durant les derniers troubles, avoit long-temps balancé sans suivre aucun parti, vint un jour voir ce prince. Il le trouva jouant à la prime ; aussitôt que le Roi l'eut aperçu, il lui dit : « Approchez, monsieur, soyez le bien venu ; » si nous gagnons, sans doute vous serez des » nôtres. »

* Lorsque l'on commença à donner des soupçons à Henri, sur les liaisons de Biron avec les ennemis de l'Etat, il ne voulut point d'abord y ajouter foi. Cependant, des papiers de la dernière importance lui ayant été remis entre les mains, ce prince, qui méritoit si peu d'être trompé, vit bientôt à découvert toute l'horreur du complot que l'on tramoit contre lui. Henri, sans rien faire connoître de ce qu'il avoit appris, écrivit au maréchal, qui étoit en Bourgogne, de se rendre à la cour. Biron allégua plusieurs prétextes pour retarder son voyage; enfin il fallut partir. Il se présenta au Roi, qui étoit à Fontainebleau. Aussitôt que ce prince l'aperçut,

il s'avança vers lui, avec précipitation, et l'embrassa, en lui disant : « Mon cousin, vous avez » bien fait de venir, car, autrement, je vous » allois quérir. » Le maréchal se répandit en excuses; mais le Roi, sans lui témoigner le moindre mécontentement, se mit à lui parler avec sa bonté ordinaire : il le prit par la main, se promena avec lui dans les jardins, lui détailla ses différens projets, comme à son ami et à son égal. Ce bon prince espéroit de Biron, que la seule présence d'un souverain, dont il étoit aimé, et qu'il projetoit de trahir, feroit renaître dans son cœur des sentimens de zèle, de fidélité et d'obéissance, dont le moindre Français est animé pour son Roi; mais lorsque ce prince vint à entamer la grande affaire qui l'agitoit, Biron, ne présumant point que le Roi fût aussi bien instruit qu'il le disoit, ne se contenta point de se tenir modestement sur la négative; il dit au Roi, « que, n'ayant point de faute à se reprocher, il n'avoit point besoin de pardon; qu'il n'étoit point venu pour se justifier, mais pour savoir les noms de ses accusateurs; et que, si on ne lui en faisoit justice, il sauroit bien se la faire lui-même. » Le Roi, bien loin de relever l'insolence d'un pareil discours, quand même celui qui le tenoit auroit été innocent, continua de lui parler avec la plus grande douceur. Ce prince eut plusieurs conférences pareilles avec le maréchal, espérant toujours l'amener à un aveu qui lui donnât lieu d'exercer toute sa clémence envers ce malheureux seigneur, autrefois son ami. A la fin, le Roi, ennuyé un jour de ses rodomontades et de son opiniâtreté, le quitta, lui disant pour toutes paroles : « Hé bien, il faudra » apprendre la vérité d'ailleurs ; adieu, baron de » Biron. » Ce mot fut comme un éclair avant-coureur de la foudre qui l'alloit terrasser, le Roi le dégradant, par là, de tant d'éminentes qualités dont il l'avoit honoré. Ce même jour, le comte de Soissons l'exhorta de confesser la vérité, et conclut sa remontrance par cette sentence du sage : « Le courroux du Roi est le » messager de la mort. » Après dîné, dit le septenaire, Biron vint trouver le Roi, qui faisoit un tour dans sa grande salle, lequel, lui montrant sa statue en relief, triomphant au-dessus de ses victoires, lui dit : « Hé bien, mon » cousin, si le Roi d'Espagne m'avoit vu comme » cela, qu'en diroit-il ? » Il répondit au Roi, légèrement : « Sire, il ne vous craindroit guère. » Ce qui fut noté de tous les seigneurs présens ; et lors le Roi le regarda d'une œillade, et rigoureuse, dont il s'aperçut ; et soudain, r'habillant son dire, il ajouta : « J'entends, Sire, en cette » statue que voilà, mais non pas en cette per- » sonne. »

Henri fit assembler son conseil, et ayant fait mettre sur le bureau les différens papiers concernant la conspiration, il s'énonça en ces termes sur le compte du maréchal : « Je ne veux » point perdre cet homme, mais il veut se

» perdre lui-même de son gré ; cependant, ne » me le faites point perdre si vous n'estimez » qu'il mérite la mort ; je lui veux encore dire » que s'il se laisse mener par justice, qu'il ne » s'attende plus à grâce quelconque de moi. » Les ministres du prince prirent une connoissance exacte de toutes les pièces du procès ; ils auroient voulu correspondre à la bonne volonté que le Roi avoit pour Biron ; mais étant sommé de dire leur avis en conscience et suivant les lois, il n'y eut point de partage entr'eux ; ils répondirent unanimement que l'accusé méritoit la mort. Le Roi prit à l'instant son parti sur cette terrible réponse. Biron fut arrêté ; et son procès ayant été fait, il eut la tête tranchée sur un échafaud dressé dans une des cours de la Bastille.

Avant qu'il fût arrêté, quelqu'un disoit un jour à Henri IV que le maréchal jouoit fort bien à la paume ; ce prince, qui avoit déjà découvert la conspiration, répondit : « Il est vrai » qu'il joue fort bien ; mais il fait mal sa partie. »

Henri IV, parlant de Biron, répétoit souvent ce discours : « Son obstination l'a perdu ; s'il » m'eût voulu dire la vérité d'une chose dont » j'ai la preuve écrite de sa main, il ne seroit » pas où il est. Je voudrois avoir payé deux » cent mille écus, et qu'il m'eût donné lieu de » lui pardonner. Il m'a bien servi, mais je lui » ai sauvé la vie trois fois. »

Henri accorda la confiscation des biens du

maréchal à son frère ; et comme plusieurs magistrats lui représentoient que de semblables dons étoient contre l'usage, et qu'on ne pouvoit prendre trop de mesures pour écarter des attentats pareils à celui qui avoit donné lieu à la confiscation. « C'est fort bien raisonner, dit » ce prince ; mais j'espère que la mort du » coupable servira de leçon à son frère, et que » ma bonté me l'attachera. »

AMOUR POUR SON PEUPLE.

Parmi les grandes qualités d'Henri IV, sa tendresse et son amour pour son peuple se faisoient principalement remarquer.

Tout son bonheur étoit de le soulager, de le faire vivre en paix et à son aise : il n'avoit point de discours plus ordinaire que celui-là. Une maladie dangereuse faisoit craindre pour ses jours ; Sully, son ministre et son ami, étoit au chevet de son lit. « O mon ami, lui dit le prince malade, » vous savez si c'est la mort que je crains ; vous » m'avez vu mille fois la chercher avec vous au » milieu des combats ; mais mon peuple n'est » pas encore heureux ; j'espérois achever mon » ouvrage : vous savez quels étoient mes projets » pour sa félicité. »

* Les acclamations et les cris de joie du peuple à son arrivée, étoient pour ce bon prince l'encens le plus flatteur ; lorsqu'au retour de son expédition de 1596, il vit le peuple de Paris accourir au-devant de son Roi, et s'empresser de lui témoigner son attachement, il goûta cette satisfaction si naturelle aux âmes bienfai-

santes. « Je suis bien récompensé, disoit-il à » tout le monde, des peines et des travaux que » j'ai soufferts, et des soins que je me suis » donnés, puisque je retrouve un peuple si » reconnoissant. »

* Il avoit amassé près de quinze millions, somme alors très-considérable, et qu'il destinoit peut-être à son expédition d'Allemagne. Cette somme étoit renfermée dans une des tours de la Bastille, et cette tour se nommoit la *Tour du Trésor*. Henri voulut que le duc de Sully, comme surintendant des finances, et les premiers présidens, tant du parlement que de la chambre des comptes, en eussent chacun une clef, afin, disoit-il, que le trésor fût mieux gardé, et que rien pût être tiré sans que tout le monde le sût. On lui représenta les oppositions et les remontrances éternelles qu'il auroit à essuyer de la part de ces deux compagnies, par rapport à l'emploi de cet argent. « C'est pour cela » même, répondit le Roi, que je veux qu'elles » en aient les clefs, n'étant pas raisonnable qu'un » argent levé sur mes sujets, et qui leur appar- » tient encore plus qu'à moi, puisse jamais » être dépensé que bien à propos et pour leur » avantage. »

* La ville de Paris fut réduite sous l'obéissance de Henri IV sans effusion de sang, à l'exception de deux ou trois bourgeois qui furent tués. « S'il » étoit en mon pouvoir, disoit ce bon Roi, je » racheterois de cinquante mille écus la vie de

» ces deux citoyens, pour avoir la satisfaction de » faire dire à la postérité que j'ai pris Paris sans » qu'il y ait eu de sang répandu. »

* Les protestans demandoient à Henri IV des places de sûreté. « Je suis, leur dit-il, la seule » assurance de mes sujets ; je n'ai encore man- » qué de foi à personne. » Et comme on lui objectoit que Henri III, son prédécesseur, leur en avoit bien donné, « le temps, répliqua-t-il, » faisoit qu'il vous craignoit et ne vous aimoit » point ; moi, je ne vous aime et ne vous crains » point. »

* Il arrivoit souvent à Henri IV de s'écarter lorsqu'il étoit à la chasse, et de se mêler ensuite familièrement avec ceux qu'il rencontroit, afin d'apprendre ce que l'on disoit de lui. Cette popularité lui attiroit quelquefois des aventures plaisantes dont il se tiroit toujours en homme d'esprit. Un jour s'étant égaré, il pique vers le premier village, entre dans la meilleure auberge, et se met à table d'hôte avec plusieurs marchands, sans en être reconnu. Après avoir dîné, il fit tomber la conversation sur les affaires d'Etat, sur les nouvelles de la cour et du Roi : chacun dit son sentiment. On parla de sa conversion ; un marchand de bestiaux, qui étoit auprès de lui, dit : « Ne parlons point de » cela ; le caque sent toujours le hareng. » Un moment après le Roi se lève, paie l'écot, et se met à la fenêtre. Aussitôt il voit quelques seigneurs qui venoient chercher à dîner dans ce

village, il les appelle, et les fai. monter. Ceux qui avoient dîné avec le Roi le reconnurent aux respects que ces seigneurs lui rendoient; ils parurent fort interdits, et auroient bien voulu retenir ce qu'ils avoient dit. Le Roi, sans témoigner le mécontentement des propos qu'ils avoient tenus, frappa, avant de sortir, sur l'épaule du marchand, et lui dit seulement: « Bonhomme, le caque sent toujours le hareng » à votre endroit, et non pas au mien; car vous » avez encore du mauvais levain de la ligue. »

*Quelques jours avant la bataille d'Ivry, Henri IV arriva un soir incognito à Alençon avec peu de suite, et descendit chez un officier qui lui étoit fort attaché. Cet officier étoit absent; et sa femme, qui ne connoissoit pas le Roi, le reçut comme un des principaux chefs de l'armée, c'est-à-dire de son mieux, et avec d'autant plus d'empressement qu'il se disoit l'ami de son mari. Cependant, vers le soir, ce prince croyant apercevoir quelques marques d'inquiétudes sur le visage de son hôtesse: « Qu'est-ce donc, lui dit-il, madame? » vous causerois-je ici quelques embarras? A » mesure que la nuit vient je vous trouve moins » gaie; parlez-moi librement, et soyez sûre » que mon intention n'est pas de vous gêner » en rien. » Monsieur, lui répondit la dame, je vous avouerai franchement l'espèce d'embarras où je me trouve. C'est aujourd'hui jeudi; pour peu que vous connoissiez la province, vous ne serez pas étonné de la peine où je suis pour pouvoir, aussi bien que je le voudrois, vous donner à souper. J'ai vainement fait parcourir la ville entière, il ne s'y trouve exactement rien, et vous m'en voyez désespérée. Un de mes voisins seulement dit avoir à son croc une dinde grasse, et qu'il me cédera volontiers, pourvu qu'il vienne en manger sa part; cette condition me paroît d'autant plus dure, que cet homme n'est en effet qu'une espèce d'artisan renforcé que je n'oserois admettre à votre table, et qui pourtant tient si fort à sa dinde, que, quelques offres que je lui fasse, il prétend ne la lâcher qu'à ce prix : tel est au vrai le sujet de mon inquiétude. « Cet homme, dit le Roi, » est un bon compagnon? » Oui, Monsieur, c'est le plaisant du quartier, honnête homme d'ailleurs, bon Français, très-zélé royaliste, et assez bien dans ses affaires. « Oh! madame, » qu'il vienne : je me sens beaucoup d'appétit; » et dût-il nous ennuyer un peu, il vaut encore » mieux souper avec lui que de ne point souper » du tout. » Le bourgeois averti arriva endimanché, avec sa dinde; et tandis qu'elle rôtissoit, il tint les propos les plus naïfs et les plus gais, racontant les histoires scandaleuses de la ville, assaisonna ses récits de saillies aussi vives que plaisantes, amusa enfin le Roi de façon que ce monarque, quoique mourant de faim, attendit le souper sans impatience. La gaîté de cet homme, quoiqu'il ne perdît pas un coup de dent, se soutint, augmenta même tant que dura le repas; le bon Roi rioit de tout son cœur; et plus il s'épanouissoit, plus le joyeux convive étoit à son aise et redoubloit de bonne humeur. Au moment où Sa Majesté quitta la table, l'honnête bourgeois tombant tout à coup à ses pieds : « Sire, s'écria-t-il, » pardon! Ce jour est certainement pour moi » le plus beau de ma vie. J'ai vu passer Votre » Majesté lorsqu'elle est arrivée ici : j'ai été » assez heureux pour la reconnoître. Je n'en ai » rien dit, pas même à madame, lorsque j'ai » vu qu'elle ne connoissoit pas notre grand » Roi...... Pardon, Sire! pardon! Je préten- » dois vous amuser quelques instans; j'aurois » sans doute été moins bon, et Votre Majesté » n'eût pas joui de la surprise de ma voisine. » La dame en ce moment étoit également aux pieds du Roi, qui les fit relever avec cette bonté qui fut toujours la base de son caractère. « Non, » Sire, s'écria le bourgeois, en s'obstinant de » rester à genoux; non, Sire, je resterai comme » je suis jusqu'à ce que Votre Majesté ait daigné » m'entendre encore un instant. » « Eh bien, » parlez donc, lui dit le monarque enchanté » de cette scène.—Sire, lui dit cet homme d'un » air et d'un ton également grave, la gloire » de mon Roi m'est chère, et je ne puis penser » qu'avec douleur combien elle seroit ternie » d'avoir souffert à sa table un faquin tel que » moi.... Je ne vois qu'un seul moyen de pré-

» venir un tel malheur. — Quel est-il ? répliqua » Henri. — C'est, reprit le bourgeois, de m'ac- » corder des titres de noblesse. — A toi ? — Eh ! » pourquoi non, Sire ? Quoique jadis artisan, » je suis Français, j'ai un cœur comme un » autre ; je m'en crois digne du moins par mes » sentimens pour mon Roi.... — Fort bien, mon » ami !..... Mais quelles armes prendrois-tu ? » — Ma dinde ; elle m'a fait aujourd'hui trop » d'honneur pour cela. — Hé bien soit ! s'écria le » monarque, en éclatant de rire : Ventre-saint- » gris ! tu seras gentilhomme, et tu porteras » ta dinde en pal. » Depuis cette époque, soit que ce particulier fût déjà assez riche, soit que par la suite il le fût devenu, il acheta dans les environs d'Alençon une terre qui a été érigée en châtellenie sous son nom, qu'il ne voulut jamais changer. Ses descendans la possèdent encore actuellement, et portent en effet pour armes une dinde en pal.

* Henri IV étant à la chasse dans le Vendômois, et s'étant écarté de sa suite, rencontra un paysan assis au pied d'un arbre. « Que » fais-tu là ? » lui dit Henri IV. » « Ma finte, » monsieur, j'étions là pour voir passer le Roi. » « Si tu veux, ajoute ce prince, monter sur la » croupe de mon cheval, je te conduirai dans » un endroit où tu le verras tout à ton aise. » Le paysan monte ; et, chemin faisant, demande comment il pourroit reconnoître le Roi. « Tu » n'auras qu'à regarder celui qui aura son cha- » peau, pendant que tous les autres auront la

» tête nue. » Le Roi joint la chasse, et tous les seigneurs le saluent. « Eh bien, dit-il au paysan, » quel est le Roi? » « Ma finte, monsieur, ré- » pondit le rustre, il faut que ce soit vous ou » moi; car il n'y a que nous deux qui avons » notre chapeau sur notre tête. »

* Lorsque Henri IV n'étoit encore que Roi de Navarre et duc d'Albret, il faisoit sa résidence à Nérac, petite ville de Gascogne; il vivoit en simple gentilhomme, et chassoit souvent dans les Landes, pays abondant en toute sorte de gibier. Au milieu de sa chasse, il alloit souvent se délasser et prendre quelque nourriture chez un *berret* (c'est ainsi qu'on appelle les paysans du Béarn, du nom du bonnet de laine qu'ils portent ordinairement). D'aussi loin que le nouveau Philémon et sa femme voyoient arriver le prince, ils couroient au-devant de lui; et prenant chacun une de ses mains, ils répétoient dans leur patois, avec une satisfaction peinte sur leur visage: *Eh! bon jour, mon Henri! bon jour, mon Henri!* Ils le menoient, en triomphant, dans leur cabane, et le faisoient asseoir sur une escabelle. Le berret alloit tirer de son meilleur vin, la femme prenoit dans son bahut du pain et du fromage. Henri, plus satisfait du bon cœur et de la simplicité de ses hôtes, qu'il ne l'eût été de la chair la plus délicate, mangeoit avec appétit, et s'entretenoit familièrement avec eux des choses qui étoient à leur portée. Son repas fini, il prenoit congé de ces bonnes gens, en leur

promettant de revenir toutes les fois que la chasse le conduiroit de leur côté ; ce qui arriva fréquemment. Lorsque ce prince fut devenu paisible possesseur du trône de France, le berret et sa femme apprirent cet évènement avec une joie qu'il seroit difficile d'exprimer. Ils se rappelèrent qu'il mangeoit, avec plaisir, de leurs fromages ; et comme c'étoit le seul présent qu'ils fussent en état de lui offrir, ils en mirent deux douzaines des meilleurs dans un panier. Le berret se chargea de les porter lui-même, embrassa sa femme, et partit. Au bout de trois semaines il arriva à Paris, courut au Louvre, dit à la sentinelle, dans son langage : *Je veux voir notre Henri, notre femme lui envoie des fromages de vache.* La sentinelle, surprise de l'habillement extraordinaire, et plus encore du jargon de cet homme, qu'il n'entendoit pas, le prit pour un fou, et lui donna quelques bourrades. Le berret fort triste, et se repentant déjà de son voyage, descend dans la cour, et se demande à lui-même ce qui peut lui avoir attiré une si mauvaise réception, à lui, qui venoit faire un présent au Roi. Après en avoir long-temps cherché la raison, il se met dans l'esprit que c'est parce qu'il a dit des *fromages de vache ;* il se promet bien de se corriger. Pendant que notre homme est plongé dans ces belles réflexions, Henri IV, regardant par hasard à travers la fenêtre, voit un berret qui se promène dans la cour. Cet habillement, qui lui étoit connu, le frappe ; et, cédant à sa curiosité, il ordonne qu'on fasse monter ce paysan. Celui-ci se jette aussitôt à ses pieds, embrasse ses genoux, et lui dit affectueusement : *Bon jour, mon Henri, notre femme vous envoie des fromages de bœuf.* Le Roi, presque honteux qu'un homme de son pays se trompât aussi grossièrement devant toute la cour, se pencha avec bonté, et lui dit tout bas : *Dis donc des fromages de vache.* Le paysan, qui pensoit toujours au traitement qu'on venoit de lui faire, répondit en son patois : « Je » ne vous conseille pas, mon Henri, de dire des » fromages de vache ; car, pour m'être servi à » la porte de votre chambre de cette façon de » parler, un grand drôle, habillé de bleu, m'a » donné vingt bourrades de fusil, et il pour- » roit bien vous en arriver autant. » Le Roi rit beaucoup de la simplicité du bon homme, accepta ses fromages, le combla d'amitié, fit sa fortune et celle de sa famille.

* Un autre paysan du Béarn vint à Paris pour voir le Roi, qui l'avoit autrefois traité avec beaucoup de bonté : il se rendit au Louvre. Le prince, environné de sa cour, reconnut bien cet homme qui lui avoit donné cent fois de ses fruits ; mais il feignit de ne pas apercevoir les mines que ce paysan faisoit pour se faire reconnoître. Enfin il se retire dans un cabinet, fait venir son bon Béarnais, l'embrasse, et lui demande s'il est bien aise de le voir tranquille possesseur de ses Etats ? « Vraiment oui, répond le paysan ; » mais tout ce qui me fâche, c'est qu'il me » semble que vous êtes devenu un peu fier. »

AMOUR POUR LES DAMES.

Henri IV étoit *essentiellement* amoureux. Il chérissoit son peuple : il adoroit ses maîtresses; mais toujours sage au milieu même du délire, il ne sacrifia point à ses passions ardentes le bonheur de ses sujets. L'histoire est avare de semblables exemples.

* Henri IV, étant dans sa chambre avec une dame qu'il aimoit, Sully entra dans l'antichambre, et voulut passer outre. On lui dit que cela ne se pouvoit. Il se douta aussitôt qu'il y avoit quelqu'intrigue qu'on vouloit lui cacher. L'envie de savoir ce qui se passoit le fit appuyer sur une fenêtre qui regardoit vers le petit escalier du cabinet du Roi. Il vit sortir une dame vêtue d'un habit vert, qu'il ne put reconnoître. Un moment après le Roi vint à lui, et lui dit : « Comment te portes-tu, Sully ? — Le duc lui » répondit : Sire, je suis toujours le très- » humble serviteur de Votre Majesté ; mais, » Sire, reprit le duc, qui voyoit le Roi un » peu ému; la santé de Votre Majesté me pa- » roît un peu altérée. — C'est, dit le Roi, que » j'ai eu la fièvre toute la matinée, mais elle

» vient de me quitter. — Il est vrai, Sire, dit » le duc, je l'ai vue passer, elle étoit toute verte. » — Ventre-saint-gris, lui dit le Roi, on ne » sauroit te tromper, tu vois trop clair. »

Henri IV avoit un tempérament ardent qui le livroit aux femmes ; mais son attachement pour ses maîtresses n'a jamais influé sur le sort de ses serviteurs, et ne l'a détourné en aucune occasion de ses principaux devoirs. La duchesse de Beaufort avoit exigé de Sully des grâces qu'il ne pouvoit lui accorder : elle en porta des plaintes amères au Roi qui dit à son ministre de l'aller trouver, et de chercher à la satisfaire par de bonnes raisons : « Et si cela ne suffit » pas, ajouta-t-il, je parlerai en maître. » Rosny, s'étant rendu chez la duchesse, voulut commencer par une espèce d'éclaircissement ; mais elle ne lui donna plus le temps de l'achever. La colère dont elle étoit animée ne lui permettant pas de mesurer ses termes, elle l'interrompit en lui reprochant *qu'il séduisoit le Roi, et lui faisoit croire que le noir étoit blanc*. « Oh! » oh! madame, lui dit Rosny à l'instant, en » l'interrompant à son tour, mais d'un air très- » froid, puisque vous le prenez sur ce ton, je » vous baise les mains ; mais je ne laisserai pas » pour cela de faire mon devoir, » et sortit sans vouloir en dire ni en entendre davantage. Lorsqu'il rapporta au Roi les paroles de la duchesse, il se mit de fort mauvaise humeur contre elle : « Allons, dit ce prince, venez, venez avec moi,

» et je vous ferai voir que les femmes ne me » possèdent pas. » Son carrosse tardant trop à venir à son gré, il monta dans celui de Rosny; la duchesse de Beaufort qui s'étoit attendue, voyant sortir Rosny de chez elle, d'y voir bientôt arriver le Roi, avoit bien étudié son personnage pendant ce temps-là. Lorsqu'on lui annonça ce prince, elle vint le recevoir jusqu'à la porte de la première salle. Henri, sans l'embrasser, ni lui faire les caresses ordinaires : « Allons, madame, lui dit-il, dans votre » chambre, et qu'il n'y entre que vous, Rosny » et moi; car je veux vous parler à tous deux, » et vous faire bien vivre ensemble. » Il fit fermer la porte, regarda s'il n'y avoit personne dans l'antichambre et dans le cabinet; puis prenant Sully d'une main, pendant qu'il tenoit sa maîtresse de l'autre, il dit à celle-ci, d'un air qui dut la surprendre beaucoup : « Que le véritable motif qui l'avoit déterminé à s'attacher » à elle, étoit la douceur qu'il avoit cru remarquer dans son caractère; qu'il s'apercevoit, » par la conduite qu'elle tenoit depuis quelque » temps, que ce qu'il avoit cru véritable n'étoit » qu'une feinte, et qu'elle l'avoit trompé; qu'elle » suivoit de mauvais conseils qui lui faisoient » faire des fautes dont les suites pouvoient devenir irréparables; » et finit par lui ordonner de surmonter son aversion pour Sully, parce qu'assurément il ne l'éloigneroit pas pour l'amour d'elle. La duchesse se mit à verser des larmes;

elle prit un air caressant et soumis, elle voulut baiser la main de Henri ; elle n'omit rien enfin de ce qu'elle connoissoit de plus capable pour attendrir le cœur de ce prince. Lorsqu'elle crut l'avoir touché, elle se plaignit de ce qu'au lieu du retour qu'elle auroit dû attendre d'un prince auquel elle avoit donné sa tendresse, elle voyoit qu'il la sacrifioit aussi cruellement : elle répéta tout ce que Rosny avoit dit et fait contre ses enfans ; puis feignant de succomber à son désespoir, elle se laissa tomber sur un lit, où elle protesta qu'elle étoit résolue d'attendre la mort après un aussi sanglant affront. Henri fut sensible à cette scène ; mais il se remit si promptement que sa maîtresse ne s'en aperçut point. Il continua à lui dire du même ton : « Qu'elle auroit pu s'épargner la peine de re- » courir à tant d'artifices pour un si léger sujet. » Ce reproche la piqua sensiblement : elle redoubla ses pleurs en disant « qu'elle voyoit bien » qu'elle étoit abandonnée ; que c'étoit sans » doute pour augmenter sa honte et le triomphe » de Rosny, que Sa Majesté avoit voulu le rendre » témoin des choses les plus dures qu'une femme » puisse entendre. » Après ces dernières paroles elle parut se livrer au plus affreux désespoir. — « Pardieu, madame, c'est trop, reprit le Roi » en perdant patience, je vois bien qu'on vous » a dressée à tout ce badinage, pour me faire » renvoyer un serviteur dont je ne puis me pas- » ser. Je vous déclare que si j'étois réduit à la

» nécessité de choisir de perdre l'un ou l'autre, » je me passerois mieux de dix maîtresses comme » vous, que d'un serviteur comme lui. »

Après ce discours, le Roi s'étoit avancé brusquement pour sortir de la chambre. La duchesse de Beaufort, qui appréhendoit que ce ne fût pour n'y plus revenir jamais, changea de batterie. Elle courut au-devant de ce prince pour l'arrêter : elle se jeta à ses genoux; elle lui prit les mains pour les baiser : elle le supplia de lui pardonner sa faute, et fit quelques excuses à Rosny sur son emportement. Le Roi s'attendrit; on promit d'oublier tout le passé, et ils se séparèrent tous trois fort bons amis. Lorsque le Roi fut sorti de l'appartement de la duchesse, il prit la main de Rosny, et la serrant avec vivacité : « Eh bien! mon ami, lui dit ce monarque, » n'ai-je pas tenu bon? »

* Henri IV avoit commencé à connoître Gabrielle d'Estrées, depuis, duchesse de Beaufort, lorsqu'il étoit occupé au siége de Paris. Un jour, qu'il vantoit tant les charmes de Marie de Beauvilliers, sa maîtresse actuelle, disant qu'il la préféroit à toutes les femmes, le duc de Bellegarde, grand-écuyer de France, prétendit qu'il changeroit de sentiment, s'il avoit vu mademoiselle d'Estrées; il lui en dit tant de bien, et lui en fit un si beau portrait, qu'il lui donna envie de la voir. Bellegarde, qui étoit amoureux de cette belle, sentit la faute qu'il avoit faite d'en parler au Roi; mais il n'y avoit plus moyen

de s'en dédire. Henri la vit à Cœuvres, où elle demeuroit, et la trouva encore au-dessus du beau portrait qu'on lui en avoit fait. Gabrielle ne répondit pas d'abord aux empressemens du prince; et cette molle résistance ne servit qu'à le rendre plus enflammé. Ce monarque auroit désiré de ne laisser passer aucun jour sans voir sa nouvelle maîtresse; mais la difficulté, pour lui, étoit de se rendre à Cœuvres, sans beaucoup de risque. Il falloit faire sept lieues en pays ennemi, traverser un grand bois, et passer à la vue de deux garnisons de la ligue. Un jour cependant, il résolut de tout risquer. Il monta à cheval avec quelques officiers de confiance, et fit quatre lieues avec eux. Lorsque ce prince fut à trois lieues de la maison de sa maîtresse, il renvoya sa compagnie, mit pied à terre, s'habilla en paysan, se chargea d'un sac plein de paille, et acheva son voyage avec son sac sur le dos. Gabrielle le reçut encore assez froidement, et ne demeura que quelques momens avec lui. Dans la suite, l'élévation de M. d'Estrées, père de la belle, le sincère attachement que Henri témoigna à sa maîtresse, ses manières affables et pleines de bonté, obligèrent cette belle à mieux traiter un amant si généreux, si bienfaisant. Cependant, Gabrielle continua à aimer Bellegarde, dont le Roi avoit quelques soupçons; mais à la moindre caresse qu'elle lui faisoit, il condamnoit ses pensées, comme criminelles, et s'en repentoit. Il arriva un petit accident qui faillit à lui en apprendre davantage : ce fut, qu'étant à l'une de ses maisons pour quelques entreprises qu'il avoit de ce côté-là, et étant allé à trois ou quatre lieues, pour cet effet, Gabrielle étoit demeurée au lit, disant qu'elle se trouvoit incommodée; et Bellegarde avoit feint d'aller à Mantes, qui n'en étoit pas fort éloigné. Sitôt que le Roi fut parti, Arphure, la plus intime confidente des femmes de Gabrielle, et sur laquelle elle se reposoit entièrement, fit entrer Bellegarde dans un petit cabinet, dont elle seule avoit la clef; et après que sa maîtresse eut fait retirer tous ceux qui étoient dans sa chambre, son amant y fut reçu. Comme ils étoient ensemble, le Roi, qui n'avoit pas trouvé ce qu'il avoit été chercher, revint plus tôt qu'on ne le croyoit, et pensa trouver ce qu'il ne croyoit pas. Tout ce que l'on put faire, ce fut que Bellegarde entrât dans le cabinet d'Arphure, dont la porte se trouvoit au chevet du lit de Gabrielle, et où il y avoit une fenêtre qui avoit vue sur le jardin. Aussitôt que le Roi fut entré, il demanda Arphure, pour avoir des confitures qu'elle gardoit dans ce cabinet. Gabrielle dit qu'elle n'y étoit pas, et qu'elle lui avoit demandé permission d'aller visiter quelques parens qu'elle avoit à la ville. « Si est-ce, dit le Roi, que je veux manger » des confitures; que si Arphure ne se trouve, » que quelqu'un vienne pour ouvrir cette porte, » ou qu'on la rompe. » Lui-même commença à donner des coups de pieds dedans. Dieu sait en quelles alarmes étoient ces deux personnes, si proches d'être découvertes; Gabrielle, feignant un grand mal de tête, se plaignoit que ce bruit l'incommodoit fort; mais, pour cette fois, le Roi voulut romprec ette porte. Bellegarde, voyant qu'il n'y avoit pas d'autre remède, se jeta par la fenêtre, et fut si heureux, qu'il se fit fort peu de mal, bien que la fenêtre fût assez haute; et aussitôt Arphure, qui s'étoit seulement cachée, pour ne point ouvrir cette porte, entra, bien échauffée, s'excusant sur ce qu'elle ne pensoit pas qu'on dût avoir affaire d'elle. Arphure alla donc quérir ce que le Roi avoit si impatiemment demandé; et Gabrielle, voyant qu'elle n'étoit pas découverte, reprocha au Roi, mille fois, cette façon d'agir. « Je vois bien, lui dit-elle, que » vous voulez me traiter comme les autres » que vous avez aimées, et que votre humeur » changeante veut chercher quelque sujet pour » rompre avec moi, qui vous préviendrai, me » retirant avec mon mari, que vous m'avez » laissé d'autorité. Je confesse que l'extrême » passion que j'ai eue pour vous m'a fait oublier » mon devoir et mon honneur, et cependant, » vous paierez l'un et l'autre d'inconstance, sans » ombre de soupçons, dont je ne vous ai jamais » donné sujet, par pensée seulement; » et là-dessus, les larmes ne manquèrent pas; ce qui mit le Roi en tel désordre, qu'il lui demanda mille fois pardon; qu'il confessa d'avoir trop failli, et qu'il fut long-temps depuis, sans témoigner aucune jalousie.

* Après la mort de la duchesse de Beaufort, Mlle d'Entragues, depuis marquise de Verneuil, acquit tout pouvoir sur le cœur du sensible monarque. La demoiselle, dit Sully, n'étoit pas novice : quoique touchée du plaisir de se voir l'objet des poursuites d'un grand Roi, elle donnoit encore davantage à l'ambition qui la flattoit, sentant que, dans la conjoncture présente, il ne lui seroit pas impossible de jouer si bien son personnage, qu'elle obligeroit son amant à convertir ce titre en celui d'époux. Elle ne se pressa donc point de satisfaire ses désirs. La fierté et la pudeur furent employées tour à tour, et ensuite l'intérêt; elle ne demanda pas moins de cent mille écus pour prix de sa dernière complaisance. Henri promit cette somme, et passa une nuit avec la marquise. Le lendemain, Sully, qui avoit reçu ordre de payer les cent mille écus, fit apporter la somme dans le cabinet du Roi, les compta, et affectoit de les étaler devant le Roi, pour lui faire connoître à quoi il s'étoit engagé. Henri demanda pour qui étoit cet argent; on lui répondit que c'étoit pour la marquise de Verneuil. « Ventre-saint-gris, voilà une nuit » qui me coûte bien cher. »

* Henri IV connoissoit ses défauts, et étoit assez sincère et assez grand pour en convenir. « Les uns, écrivoit-il à Sully, me blâment d'ai- » mer les bâtimens et les riches ouvrages; les » autres, les dames, les délices de l'amour; en » tous lesquels discours je ne nierai point qu'il

» n'y ait quelque chose de vrai ; mais, dirai-je, » que, ne passant pas mesure, il me devroit » plutôt être dit en louanges qu'en blâmes ; et, » en tout cas, devroit-on excuser la licence de » tels divertissemens, qui n'apportent nul dom» mage et incommodité à mes peuples, par » forme de compensation de tant d'amertumes » que j'ai goûtées, et de tant d'anciens déplaisirs, » fatigues, perils, dangers, par lesquels j'ai » passé depuis mon enfance, jusqu'à cinquante » ans. L'Ecriture n'ordonne pas absolument de » n'avoir de péchés ni de défauts, d'autant que » telles infirmités sont attachées à l'impétuosité » et promptitude de la nature humaine ; mais » bien de n'en être pas dominé, ni les laisser » régner sur nos volontés ; qui est-ce à quoi je » me suis étudié, ne pouvant mieux faire. Vous » savez beaucoup de choses qui se sont passées » touchant mes maîtresses (qui ont été les pas» sions les plus puissantes sur moi). Si je n'ai » souvent maintenu vos opinions contre leurs » fantaisies, jusqu'à leur avoir dit, lorsqu'elles » faisoient les acariâtres, que j'aimerois mieux » avoir perdu dix mille maîtresses comme elles, » qu'un serviteur comme vous, qui m'étiez né» cessaire pour les choses honorables et utiles. » On ne peut rien voir de plus galant que ce billet d'Henri IV à la duchesse de Beaufort : « Mes » belles amours, deux heures après l'arrivée de » ce porteur, vous verrez ce cavalier qui vous » aime fort, qu'on appelle le Roi de France et

» de Navarre; titre certainement honorable ;
mais bien pénible; celui de votre amant est
» bien plus délicieux. Tous trois ensemble sont
» bons, à quelque sauce qu'on les puisse mettre,
» et je suis bien résolu à ne les céder à per-
» sonne...... Je suis bien aise que vous aimiez ma
» sœur. C'est un des assurés témoignages que
» vous puissiez me donner de votre bonne grâce,
» que je chéris plus que ma vie, encore que je
» l'aime bien..... Ce 12 septembre, de nos déli-
» cieux déserts de Fontainebleau. »

BONS MOTS ET FACÉTIES.

A l'héroïsme, à la bonté, Henri IV joignoit un esprit fin et naturel, qui faisoit sortir souvent de sa bouche des saillies heureuses, des réparties vives : il étoit même quelquefois facétieux.

Le 11 octobre de cette même année 1591, le Roi se rendit à Sedan pour assister au mariage du vicomte de Turenne. Ce prince s'étant retiré, après avoir vu coucher la mariée, et le vicomte l'ayant conduit dans son appartement, lui dit : « Sire, Votre Majesté m'a fait aujourd'hui beaucoup d'honneur ; je veux lui en témoigner ma reconnoissance. Je la prie de m'excuser de n'être pas inquiet si je ne couche pas sous le même toit pour veiller à la sûretéde sa personne, j'y ai mis bon ordre. » Il part aussitôt avec un corps de troupes qu'il avoit préparé, se rend maître de la ville de Stenay, et vient en apporter la nouvelle au Roi à son lever. « Ventre-saint-gris, lui dit ce prince, je ferois souvent de semblables mariages, et je serois bientôt maître de mon royaume, si les nouveaux mariés me faisoient de pareils présens de noces. Mais, en attendant, allons à nos

» affaires. » Aussitôt il monte à cheval, se met à la tête de ses troupes, et va faire le siége de Rouen.

* La duchesse de Monpensier ayant dit au Roi, sur son entrée dans Paris, qu'elle auroit souhaité que le duc de Mayenne, son frère, fût celui qui eût abaissé le pont à Sa Majesté pour y entrer, Henri lui répondit : « Ventre-saint-gris, » il m'eût possible fait attendre long-temps, et » je n'y fusse pas entré si matin. »

* Henri IV étant allé à Notre-Dame de Paris pour entendre prêcher Fenouilles, évêque de Montpellier, se rendit après le sermon dans le chœur de cette église pour assister aux vêpres. Sa Majesté à genoux dans les hautes stalles, attendoit, en faisant sa prière, que l'office commençât : elle s'aperçut qu'une dispute s'élevoit entre ses musiciens et ceux de la cathédrale; elle en demande la cause. Le grand-chantre en chappe et le bâton à la main, s'avance vers le Roi, et, dans un discours fort long, soutient le droit des chantres de Notre-Dame, contre ceux de Sa Majesté. Henri IV lui répondit : « Ecoutez » ce que mon aumônier va vous dire à ce sujet; » après qu'il se sera expliqué, je déciderai votre » différent. » L'aumônier fit valoir le privilége de la chapelle, et le monarque fatigué de cette dispute qui duroit depuis une heure, dit : « Eh » bien! chantez tous, mais que les musiciens » de ma chapelle commencent. » Cette anecdote peut servir à prouver que la chapelle et la

chambre du Roi ont la prééminence dans toutes les cérémonies où elles accompagnent Sa Majesté, que ce n'est que par tolérance et par égard que l'on permet aux autres musiciens de chanter avec elles.

*Il répétoit souvent ce mot qu'il tenoit de La Rivière, son médecin : « Le royaume de France » est semblable à une boutique de droguiste où » l'on trouve également les remèdes les plus salutaires et les poisons les plus subtils; c'est au » Roi à tirer parti des uns et des autres, comme » fait un habile médecin en les mixtionnant à » propos. »

*Un ambassadeur turc exagéroit les forces de son maître ; il paroissoit étonné qu'un Roi qui, comme Henri, n'étoit monté sur le trône, et ne s'y étoit affermi qu'à force de victoires, n'eût qu'une très-petite armée : « Où règne la justice, » répartit Henri, la force n'est guère nécessaire. »

Une dame de condition, déjà fort vieille et fort sèche, étant venue avec un habit vert à un bal que ce monarque donnoit, il lui dit assez plaisamment : « Qu'il lui étoit fort obligé de ce » qu'elle avoit employé le vert et le sec pour » faire honneur à la compagnie. »

*Ce ton de plaisanterie ne le quittoit pas même dans les choses où il sembloit mettre le plus de sérieux. Il dit aux députés des Parisiens, qui marchandoient pour se rendre, et ne faisoient que l'amuser et traîner le siége en longueur : « S'ils veulent attendre à capituler quand ils

» n'auront plus que pour un jour de vivres, » je les laisserai dîner et souper ce jour-là; mais » le lendemain ils seront contraints de se rendre. » Au lieu de la miséricorde que je leur offre, » j'en ôterai la misère, et ils en auront la corde; » car j'y serois contraint par mon devoir, étant » leur vrai Roi et leur juge, pour faire pendre » quelques centaines d'eux qui, par leur malice, » ont fait mourir de faim plusieurs innocens et » gens de bien ; je suis débiteur de cette justice » envers Dieu. »

* Henri a été taxé d'être un peu trop ménager; mais ce ne fut que par ceux qui ignoroient qu'un Roi n'est que l'économe du bien de ses sujets, ou qui mettoient leurs services à trop haut prix. Henri IV étoit instruit de ces reproches. « On » m'accuse, dit-il un jour, d'être chiche; je » fais trois choses bien éloignées d'avarice. Je » fais la guerre, je fais l'amour, et je bâtis. »

* On lui représentoit que sa trop grande clémence envers ses ennemis pourroit lui être nuisible, il répondit : « On prend plus de mouches » avec une cuillerée de miel qu'avec dix tonnes » de vinaigre. » Cela a passé en proverbe.

* Quand on supplioit Henri IV d'avoir plus de soin de sa personne qu'il n'en avoit, et de ne pas aller si souvent seul ou mal accompagné, comme il faisoit, il répondoit : « La peur ne » doit point entrer dans une âme royale : qui » craindra la mort n'entreprendra rien sur moi; » qui méprisera la vie sera toujours maître de

» la mienne, sans que mille gardes l'en puissent » empêcher. Je me recommande à Dieu quand » je me lève et quand je me couche, je suis » entre ses mains, et après tout je vis de telle » façon que je ne dois point entrer à défiance. » Il n'appartient qu'aux tyrans d'être toujours » en frayeur. »

* Ce prince railloit assez souvent le connétable de Montmorenci sur son ignorance ; mais il ne pouvoit s'empêcher d'admirer la sagacité et le génie naturel de cet homme illustre. Henri, qui avoit tenu le fils du connétable sur les fonts baptismaux, disoit un jour : « Avec mon com- » père, qui ne sait pas lire, et mon chancelier, » qui ne sait pas le latin, il n'y a rien que je » ne sois en état d'entreprendre. »

* Henri IV se permettoit quelquefois des pointes, c'étoit d'ailleurs le goût du temps. « Le » meilleur canon que j'aie employé, disoit-il, » c'est le canon de la messe ; il a servi à me » faire Roi. »

* Un recteur de l'université de Paris, qui haranguoit le Roi, s'étant écarté dans son discours du sujet pour lequel il étoit député, le Roi lui demanda de quelle faculté il étoit ; le recteur répondit qu'il étoit médecin. Alors Henri se tourna vers les seigneurs qui étoient présens, et dit : « Mon université est bien ma- » lade ; elle est entre les mains des méde- » cins. »

* Il répéta cette même plaisanterie à l'occasion

d'un médecin calviniste qui venoit d'embrasser la religion catholique : « Mon ami, dit-il à » Sully, ta religion est bien malade, les mé- » decins l'abandonnent. »

* Le tailleur d'Henri IV avoit fait imprimer un petit livre concernant les réglemens qui, selon cet homme, étoient nécessaires au bien de l'Etat; il eut la hardiesse de le présenter au Roi. Ce prince le prit en riant; et, après en avoir lu quelques pages, il dit à un de ses valets-de-chambre : « Allez chercher mon chan- » celier, qu'il vienne me prendre la mesure » d'un habit; voici mon tailleur qui fait des » réglemens. »

* Le duc de Mayenne importunoit Henri IV pour le paiement des sommes qui lui avoient été promises par le traité fait avec ce prince, en 1596. Le Roi lui répondit, en souriant : « Mon- » sieur, je ne saurois vous payer : il me seroit » plus aisé de vous donner une nouvelle bataille » d'Ivry que de l'argent. »

* On disoit devant Henri IV que la maréchale de Retz, illustre par ses connoissances, son éducation et son esprit, avoit fait un legconsi- dérable à son médecin et à son avocat. « Pour » une femme d'esprit, dit le Roi, elle en a » bien manqué à la fin de ses jours, d'avoir en- » richi son médecin qui l'a fait mourir, et son » avocat qui ruinera sa maison. »

* La première année du mariage d'Henri IV, la reine fit un ballet composé de quinze femmes

des plus belles et des plus qualifiées de la cour, qu'elle choisit pour y danser. Le nonce du pape s'y trouva. Le Roi lui dit : « M. le nonce, je » n'ai jamais vu de plus bel escadron, ni de » plus périlleux que celui-là. »

* Un jour Henri IV, traversant la galerie du château de Fontainebleau, vit un laboureur nommé Delafoi, qui, appuyé sur une croisée, regardoit attentivement dans le jardin de l'Orangerie. Le Roi, lui frappant sur l'épaule, lui dit : « Mon ami, que considères-tu là? — Sire, » c'est votre jardin ; il est certainement très- » beau ; mais j'en ai un qui vaut mieux encore. » — Et où est ton jardin? — Près de Malesherbes. » — Je ne serois pas fâché de le voir. » En effet, Henri alla quelques jours après à Malesherbes, pour y rendre visite à la belle d'Entragues, à qui cette terre appartenoit alors. Il se fit conduire à la ferme de Delafoi, et lui demanda à voir son jardin. Notre bon laboureur le mena dans une vaste pièce de blé, qui étoit de la plus grande beauté. « Ventre-saint-gris, lui dit le Roi, tu » as raison ; ton jardin est plus beau et meilleur » que le mien. » Le bon prince, pour lui témoigner sa satisfaction et pour honorer en sa personne le plus ancien et le premier de tous les arts, lui accorda le privilége de porter un épi d'or attaché à son chapeau. Il existe encore plusieurs descendans de ce digne laboureur dans divers cantons du Gâtinais et de la Beauce, où ilsexercent avec honneur la profession de leur ancêtre.

* Son jardinier de Fontainebleau se plaignoit un jour à lui, en présence du duc d'Epernon, qui étoit Gascon, qu'il ne pouvoit rien faire venir dans ce terrain-là. « Mon ami, lui dit le » Roi, en regardant le duc, semez-y des Gas- » cons, ils prennent partout. »

* Un capitaine vint un jour demander son congé à Henri IV, avec la liberté que la circonstance des temps semble autoriser : « Sire, trois mots ; » argent, ou congé. » Henri lui répliqua sur-le-champ, et d'un style aussi laconique : « Capi- » taine, quatre ; ni l'un, ni l'autre. » Cependant, quelques jours après, le Roi, qui l'estimoit, lui fit donner plus qu'il n'eût demandé.

* Henri IV mêloit assez souvent, à ses bons mots, de petits traits caustiques qui leur donnoient une sorte de sel. Dans un ballet exécuté au Louvre, parurent neuf dames, conduites par la Reine; et parmi ces neuf dames, la femme de D'O, surintendant des finances; toutes avoient des coiffures plutôt chargées qu'enrichies de pierreries, mais surtout la surintendante. Un Suisse, ivre, tomba de son haut près de la porte du bal. Le Roi, qui le vit tomber, en demanda la cause. Sire, lui dit-on, il ne faut pas s'en étonner, il avoit un pot de vin sur la tête: « Ah! voyez comme Mme la surintendante » est ferme sur ses pieds; cependant, elle a plus » d'un pot de vin sur la sienne. » On saitce que signifie pot de vin en matière de finances.

* Henri IV, passant par une petite ville, il vint plusieurs députés au-devant de lui pour le haranguer. Un d'entr'eux, ayant commencé son discours, fut interrompu par un âne, qui se mit à braire. « Messieurs, dit le Roi, parlez » chacun à votre tour, s'il vous plaît ; je n'en» tends pas. »

* Fatigué de la grande traite qu'il avoit été obligé de faire pour le secours de Cambrai, et passant par Amiens, on vint lui faire une harangue. L'orateur la commença par les titres de très grand, très-clément, très-magnanime... « Ajoutez aussi, dit le Roi, et très-las ; je vais » me reposer : j'écouterai le reste une autre » fois. »

* Ce prince fit sentir également le ridicule d'un autre harangueur qui s'étoit présenté à l'heure de son dîner. Il avoit commencé son discours par ces mots : « Annibal, partant de Carthage, » Sire, ... « et en resta là. « Ventre saint-gris, » dit le Roi, Annibal, partant de Carthage, » avoit dîné. Je vais dîner. »

* Les députés de Provence étant venus à Lyon pour complimenter ce prince, celui qui portoit la parole demeura court. Le Roi se tourna vers les autres, et leur dit : « Je vous entends ; vous » voulez me dire que la Provence est à moi, et » non au duc de Savoie. »

* Il arriva pareillement à un président du parlement de Rouen, qui s'étoit présenté pour

haranguer Henri IV, de rester court. Le Roi sourit, et dit à ceux qui l'accompagnoient : « Il » n'y a rien d'extraordinaire, les Normands sont » sujets à manquer de parole. » Cette anecdote fait le fond de l'épigramme qui suit :

Un Normand député pour haranguer le Roi;
Sire, dit-il tout court, sans pouvoir passer outre,
Se frottant à la nuque et regardant la poutre,
A faute de mémoire il tombe en désaroi.
Ses amis l'excusant, disoient : Il s'est mépris;
Mais le peuple criant : A l'école, à l'école ;
Tout beau, leur dit le Roi, je n'en suis point surpris,
Les Normands sont sujets à manquer de parole.

PRINCIPALES ÉPOQUES MÉMORABLES,

PLUSIEURS DES MOTS HEUREUX

ET DES TRAITS CARACTÉRISTIQUES

DES ILLUSTRES

DESCENDANS DU GRAND HENRI,

Depuis leur retour en France, etc.

S. A. R. Mgr LE COMTE D'ARTOIS entra dans la capitale le 14 avril 1814. L'ivresse qu'inspira sa présence est impossible à décrire.

— La garde nationale avoit été au-devant de S. A. à plusieurs lieues de Paris : l'effusion des sentimens réciproques étoit telle, que les larmes couloient en abondance. S. A., serrant la main de plusieurs officiers et soldats, prononça avec émotion ces paroles, qui bientôt passèrent de bouche en bouche : « Point de souvenirs!... NOUS » SOMMES TOUS D'AUJOURD'HUI ! »

— S. A. R. répondit en ces termes aux membres du gouvernement provisoire : « Mes- » sieurs, je vous remercie de ce que vous avez » fait pour notre patrie : plus de divisions ; la

» paix et la France. Je la revois enfin, et rien » n'y est changé, si ce n'est qu'il s'y trouve un » Français de plus. »

— Après le discours de S. A. R. au Sénat, un membre s'écria : « C'est vraiment le petit-fils » d'Henri IV! »

« Son sang coule en effet dans mes veines, » reprit Monseigneur; je désirerois en avoir les » talens, mais je suis bien sûr d'avoir son cœur. »

— Au Corps-Législatif S. A. R. dit : « Nous » sommes tous Français, tous frères; le Roi va » arriver au milieu de nous : son seul bonheur » sera d'assurer la prospérité de la France et de » faire oublier les maux passés. »

— Lorsque S. A. est rentrée dans ses appartemens, quelqu'un de sa suite lui dit : « Monseigneur » doit être bien fatigué! » « Comment, répartit le » prince, serois-je fatigué un jour comme celui-» ci! le premier jour de bonheur que j'aie » éprouvé depuis vingt-cinq ans! »

Le 3 mai 1814 *S. M. Louis XVIII fit son entrée dans Paris.*

Quel jour à jamais mémorable! le ciel étoit pur comme les sentimens qui nous animoient. La nature s'étoit parée de toutes ses richesses, et sembloit sourire à notre bonheur.

S. M. daigna répondre ainsi au discours de M. le préfet du département :

« Enfin, me voilà dans ma bonne ville de

» Paris : j'éprouve une vive émotion du témoi-
» gnage d'amour qu'elle me donne en ce mo-
» ment : rien ne pouvoit être plus agréable à
» mon cœur que de voir relever la statue de
» celui de mes nobles aïeux dont le souvenir
» m'est le plus cher. »

— L'un des premiers traits qui caractérisèrent la bonté vraiment paternelle de S. M., fut la demande qu'elle adressa à l'empereur Alexandre relativement aux prisonniers français. Au mois d'avril 1814, les journaux rapportèrent la lettre suivante :

Lettre de S. M. Louis XVIII à l'Empereur Alexandre.

« Le sort des armes a fait tomber dans les
» mains de Votre Majesté plus de cent cinquante
» mille prisonniers ; ils sont Français pour la plus
» grande partie ; peu importe sous quels dra-
» peaux ils ont servi, ils sont malheureux ; je ne
» vois parmi eux que mes enfans : je les recom-
» mande à la bonté de Votre Majesté. Qu'elle
» daigne considérer combien un grand nombre
» d'entre eux a déjà souffert, et adoucir la ri-
» gueur de leur sort. Puissent-ils apprendre que
» leur vainqueur est l'ami de leur père !

» Votre Majesté impériale ne peut me donner
» une preuve plus touchante de ses sentimens
» pour moi. *Signé* LOUIS. »

A la suite de cet écrit, monument éternel de la sollicitude du meilleur des Rois, nous croyons devoir remettre sous les yeux du lecteur l'Ordonnance du 10 juillet :

« Le Roi sachant concilier une haute et constante application aux affaires générales de son royaume, avec une attention particulière à tout ce qui concerne spécialement son armée, et daignant s'occuper des intérêts individuels, qu'il se fait représenter par son ministre de la guerre, dans chaque occasion, a remarqué que déjà plusieurs officiers-généraux et un assez grand nombre d'autres officiers de tout grade, prisonniers de guerre, sont arrivés en France. Il voit leur retour avec satisfaction, et touché des rigueurs qu'ils ont dues à la fortune des armes, il apprécie les nobles témoignages de bravoure et de caractère français qu'ils ont donnés parmi des chances moins heureuses, mais toujours honorables. Un grand éloignement de nos frontières et une longue détention ont augmenté les besoins que ces officiers éprouvent, et le Roi, dont l'affection pour ses sujets rappelle si heureusement la bonté paternelle de Henri IV, veut rendre ces besoins moins sensibles pour les braves officiers qui lui sont rendus par les Etats étrangers. Il veut en même temps que la distance des lieux et les retards imprévus dans la remise des prisonniers de guerre, ne soient point préjudiciables au placement des officiers dont la nouvelle organisation s'opère en ce moment.

» S. M. a ordonné, en conséquence aux inspecteurs-généraux, de réserver un certain nombre d'emplois de tout grade pour ces officiers, et les états de la formation des régimens qui se réorganisent ne seront clos et achevés que lorsque la rentrée des prisonniers de guerre sera entièrement effectuée. Cette époque, au surplus, est peu éloignée, d'après les rapports des officiers-généraux commissaires du Roi, pour cet objet, chez les puissances étrangères; et attendu l'activité donnée à ce mouvement, auquel s'attache un si vif intérêt, le Roi a ordonné, en outre, que les officiers de tout grade, prisonniers de guerre, seront considérés comme étant en activité de service, du jour où ils arriveront sur le territoire français, et qu'ils en recevront le traitement sur le pied de paix. La solde et les appointemens affectés aux officiers de tous les grades, aux sous-officiers et soldats, pour le temps passé dans les prisons de guerre, seront payés suivant les réglemens en usage. Ainsi la bienveillance de S. M. s'étend à la fois sur toutes les parties du royaume, et va comme au-devant de ceux de ses sujets que les chances de la guerre ont tenus jusqu'ici éloignés d'elle, et qui seront par là heureusement préparés à sentir le bonheur que le chef auguste des Bourbons a rapporté à la patrie des braves.

» Le ministre de la guerre prescrit aux officiers-généraux commandant les divisions militaires et les départemens, de donner connoissance de ces dispositions à tous les prisonniers de guerre, et de veiller à leur exécution. »

— Dans le courant d'août, un jeune officier, arrivant de Russie, s'empressa d'aller déposer aux pieds de S. M. l'expression de sa reconnoissance. S. M. daigna lui répondre : « Je n'ai fait,
» Monsieur, que mon devoir en intercédant au-
» près de l'Empereur de Russie pour mes enfans.
» J'ai reçu en cette occasion la marque la plus
» sûre de son amitié. »

On pourroit comparer la réponse du Roi à un mot de François Ier. Ce n'est pas la première fois, au surplus, que les expressions de Louis XVIII ont rappelé ce langage noble et chevaleresque de ce prince tout Français. Une dame s'étoit jetée aux genoux de François Ier, en lui demandant justice : *Relevez-vous*, dit-il, *je vous la dois.*

— Le 4 mai, S. M., entourée, pour la première fois, de tous les maréchaux, leur adressa la parole, en ces termes : « C'est sur » vous, MM. les maréchaux que je veux tou- » jours m'appuyer. Approchez et entourez-moi ; » vous avez toujours été bons Français. J'espère » que la France n'aura plus besoin de votre » épée : si jamais, ce que Dieu ne veuille, on » nous forçoit à la tirer, tout goutteux que je » suis, je marcherois avec vous. »

Ayant ce jour-là invité MM. les maréchaux à dîner, S. M., dès le commencement du repas, leur dit : « Messieurs les maréchaux, *je vous en-* » *voie du Wermouth; je veux boire avec vous* » *aux armées françaises.* »

Peu de jours après la restauration, S. M. répondit à la députation de la ville de Dieppe : « Je reçois avec plaisir l'expression des senti- » mens que vous me témoignez : je connois le » bon esprit des habitans de Dieppe, et je n'ou- » blierai jamais que c'est sous les murs de votre » ville, *à la bataille d'Arques*, qu'*Henri IV a* » *commencé à vaincre la Ligue.* » A cette époque, S. M. étoit loin de penser sans doute que, comme son illustre aïeul, elle auroit aussi une *Ligue* à combattre.

—Par le traité de Paris, et plus encore par ses vertus, Louis XVIII nous avoit réconciliés avec toute l'Europe. S. M. disoit au Champ-de-Mars, le jour de la distribution des drapeaux, en voyant défiler la garde nationale : « Vienne l'ennemi

» quand il voudra ; mais il n'en viendra pas ;
» nous n'avons plus que des amis. »

— On sait à quel degré de prospérité étoit déjà la France, au mois de juin 1814. Un riche manufacturier écrivoit de Rouen, en date du 25 :

« A peine Louis XVIII a-t-il remonté sur le
» trône de ses ancêtres, où l'appeloit secrètement
» le vœu de tous les Français, qu'on se ressent
» des bienfaits de son gouvernement pacifique.
» Il y a trois mois, nos nombreux ateliers étoient
» déserts; aujourd'hui ils sont remplis d'ouvriers
» laborieux, des deux sexes et de tout âge : tous
» présentent, au sein de leurs travaux, l'aspect
» de la félicité. On n'entend plus gémir, dans
» les villes et dans les hameaux, le malheureux
» artisan dont les bras étoient oisifs. Les halles et
» les marchés, où l'industrie offre ses produits
» au commerçant et au consommateur, sont
» très-fréquentés. Des ordres se donnent conti-
» nuellement dans les fabriques, pour la confec-
» tion de tissus de toute espèce : aussi toutes les
» classes de la société bénissent-elles cet heureux
» état de choses que nous devons au *digne des-*
» *cendant de Henri IV*. »

— Très-peu de temps après l'arrivée de Louis XVIII, l'extrême bonté du monarque se manifesta par un nouveau trait éclatant. Le curé de Sainte-Marguerite savoit qu'un malheureux habitant du faubourg Saint-Antoine gémissoit dans les fers, à Toulon, pour une faute peu grave, et que cet infortuné avoit d'ailleurs long-temps servi son pays avec honneur. Le digne curé sollicita, auprès de S. M., la grâce du condamné. Au bout de quelques jours, le Roi se rendit au presbytère, et apporta *lui-même* la grâce demandée. Une foule immense entoura aussitôt la voiture de S. M. On combloit le bienfaisant Monarque de bénédictions. De toutes parts l'air retentissoit des cris de *vive le bon Roi ! vive le père du peuple !* S. M. mettant la tête à la portière, dit : « Ce n'est pas » *vive le Roi !* qu'il faut crier, mes enfans, mais » *vive le bon pasteur !* » L'équipage de S. M. ne put sortir du faubourg Saint-Antoine qu'au pas, tellement l'affluence étoit devenue considérable.

— A l'époque du jour de l'an 1815, les chefs des douze légions eurent l'honneur d'être présentés à S. M. par MONSIEUR. Parmi les paroles pleines de bonté que le Roi daigna leur adresser, on remarqua celles-ci, *A la dixième légion* : « Votre légion est ma voisine ; exprimez-lui le » plaisir que j'ai de la revoir : quoiqu'elle soit » composée de citoyens, elle est si belle, que » lorsqu'elle paroît devant moi sous les armes, » je suis toujours tenté de dire, comme César : » *Voilà ma dixième légion.* »

A la douzième : « Votre légion est la dou- » zième ; mais la douzième et la première oc- » cupent la même place dans mon cœur : soyez » sûr qu'elles me sont toutes également chères. »

— Le 1er janvier 1815, S. M. fit, aux différens corps de l'Etat, l'accueil le plus gracieux ; et quand les membres de la Chambre des Députés parurent devant elle, elle leur dit : « Je suis très-» content de l'esprit qui anime la Chambre : il y » a bien eu quelque divergence d'opinion, mais » cela ne peut pas être autrement ; d'ailleurs, je » veux que chacun dise franchement son avis. » Retournez dans vos départemens, et dites à tous » les Français que vous avez vu leur véritable » père. »

— Le 14 janvier 1815, Louis XVIII s'exprimoit encore ainsi après la grande revue qui eut lieu ce jour-là : « Général Maison, dites aux » troupes que je suis très-content; dites-leur » qu'en s'éloignant de ma résidence elles ne s'é-» loignent pas de ma pensée; ma brave armée » y est toujours présente. »

— Le premier mars 1815, époque fatale, mémorable pour l'Europe, mais dont le souvenir sera long-temps douloureux pour la France, Buonaparte débarqua au Golfe-Juan; le signal fut donné, et bientôt une *nouvelle Ligue*, secrètement organisée, leva l'étendard de la rébellion.

Tous les moyens, tous les efforts devinrent nuls, à l'aide d'odieuses trahisons. La postérité aura peine à croire que la proclamation suivante, tracée par la *propre main* du modèle des Rois, ait pu demeurer sans effet.

Proclamation imprimée sur l'original, écrit de la main du Roi.

LE ROI A L'ARMÉE.

Officiers, Soldats,

J'ai répondu de votre fidélité à toute la France : vous ne démentirez pas la parole de votre Roi. Songez que si l'ennemi pouvoit triompher, la guerre civile seroit aussitôt allumée parmi nous, et qu'à l'instant même plus de trois cent mille étrangers dont je ne pourrois plus enchaîner les bras, fondroient de tous côtés sur notre patrie. Vaincre ou mourir pour elle : que ce soit là notre cri de guerre !

Et vous qui suivez en ce moment d'autres drapeaux que les miens, je ne vois en vous que des enfans égarés ; abjurez donc votre erreur, et venez vous jeter dans les bras de votre père ; et, j'y engage ici ma foi, tout sera sur-le-champ mis en oubli.

18 mars 1815.

Signé LOUIS.

— LE 20 MARS, jour de deuil et de consternation....!

— On relira sans doute avec attendrissement et avec le plus grand intérêt quelques phrases de ce mémorable MANIFESTE, *adressé à la nation française par S. M.*, et publié à Gand le 24 avril 1815.

« Le Roi étoit impatient de parler à ses peuples ; il lui tardoit de lui témoigner tout ce qu'avoient fait éprouver à son cœur ces marques de fidélité, ces consolations inexprimables qui lui ont été prodiguées dans toutes les villes, dans tous les villages, sur toutes les routes qu'il a traversés, lorsqu'il cherchoit un point de réunion pour les fidèles défenseurs de sa personne et de son Etat.

. . . .

» C'est au monarque et au peuple français une fois réunis par la présence de leurs alliés à se secourir eux-mêmes, de manière à n'avoir pas, s'il est possible, d'autre assistance à leur demander.

. . . .

« Qu'on dise enfin, et qu'on répète sans cesse, que plus les Français feront pour sauver la patrie, moins ils laisseront à faire aux étrangers ; que plus les Français pacifieront, moins les étrangers auront à soumettre.

. . . .

» Français, le Roi qui a toujours été près de vous, sera bientôt avec vous. Vous verrez que le Roi y a régné par les soins de sa prévoyance, lors même qu'il ne régnoit pas par l'exercice de son autorité.

» Le Roi a trop pardonné peut-être : et cependant il est aussi impossible à Louis XVIII de ne pas faire grâce, que de ne pas faire justice.

» Que l'innocence elle-même accueille donc encore le repentir ! Que la fidélité persuade et ramène ! Que les bons ouvrent leurs rangs à tous ceux qui peuvent être dignes d'y rentrer ; et d'un autre côté, que les complices du grand coupable profitent du temps qui reste au repentir pour avoir quelque chose de méritoire ! Que tout le monde sache et reconnoisse qu'il est des temps où la persévérance du crime en est le seul caractère irrémissible, etc. »

Tels furent donc les cruels arrêts de la destinée, que ni les remontrances, ni le tableau trop fidèle des dangers imminens, ni les témoignages de la plus rare clémence, ne purent nous préserver des malheurs qui nous accablent aujourd'hui.

Mais quel est celui d'entre nous qui n'a point admiré tout récemment encore avec quelle douceur S. M., dans son ordonnance du 12 août, rappelle à ses peuples la cause des derniers désastres.

« *Ces maux auroient été prévenus, si notre* » *voix eût été mieux écoutée : mais loin de notre* » *cœur toute récrimination!* »

Ah ! que les actions et les paroles d'un semblable monarque doivent faire naître de remords dans l'âme de ceux des Français dont les yeux aujourd'hui sont dessillés!

Toujours et partout le même, toujours la bonté dans le cœur et sur les lèvres, écoutons attentivement ce que cet excellent prince nous dit alors que la *Ligue fut vaincue*.

Extrait de la Proclamation ayant pour titre :

LE ROI AUX FRANÇAIS.

« Les portes de mon royaume viennent enfin de s'ouvrir devant moi, j'accours; j'accours pour ramener mes sujets égarés, pour adoucir les maux que j'avois voulu prévenir, pour me placer une seconde fois entre les armées alliées et les Français, dans l'espoir que les égards dont je peux être l'objet tourneront à leur salut. C'est la seule manière dont j'ai voulu prendre part à la guerre. Je n'ai pas permis qu'aucun prince de ma famille parût dans les rangs des étrangers, et j'ai enchaîné le courage de ceux de mes serviteurs qui avoient pu se ranger autour de moi.

» Revenu sur le sol de la patrie, je me plais à parler avec confiance à mes peuples, etc.

. . . .

» Il est des temps où les intentions les plus pures ne suffisent pas pour diriger, et où quelquefois même elles s'égarent.

» L'expérience seule pouvoit avertir ; elle ne sera pas perdue. *Je veux tout ce qui sauvera la France.*

. . . .

» Français, tels sont les sentimens que rapporte au milieu de vous celui que le temps n'a pu changer, que le malheur n'a pu fatiguer, que l'injustice n'a pu abattre. Le Roi dont les pères règnent depuis huit siècles sur les vôtres, revient pour consacrer le reste de ses jours à vous défendre et à vous consoler.

» Le 28e jour du mois de juin, etc. »

— On assure que le Roi étant à Saint-Denis, témoigna le désir de voir les demoiselles, filles des membres de la *Légion-d'Honneur* ; on les réunit dans un salon de la maison où est placée cette fondation. S. M. s'y transporta ; et après leur avoir donné plusieurs témoignages de sa plus douce affection, elle leur adressa ainsi la parole :

« Je vous vois avec beaucoup de plaisir : il y » en a peut-être parmi vous qui regrettent » le fondateur de cette maison ; mais elles re» connoîtront la différence de celui qui les ai» moit par intérêt, d'avec celui qui les aime » par sentiment. »

Toutes ces jeunes personnes attendries jusqu'aux larmes, s'écrient aussitôt : *Vive le Roi ! Vive notre Père !*

Retour de S. M. dans sa capitale, le 8 *juillet* 1815, *à trois heures après midi.*

L'enthousiasme public et des signes éclatans

de l'allégresse générale ont seuls embelli cette fête de famille.

S. M. a daigné répondre en ces termes à M. le préfet du département :

« Je ne me suis éloigné de Paris qu'avec la » douleur la plus vive et une égale émotion ; les » témoignages de la fidélité de ma bonne ville » de Paris sont venus jusqu'à moi : j'y reviens » avec attendrissement : j'avois prévu les maux » dont elle étoit menacée ; je desire les prévenir » et les réparer. »

—Les étrangers, ayant pris possession de Paris, résolurent de détruire les monumens publics, dont les noms pouvoient leur rappeler des époques malheureuses : ils se souvenoient d'ailleurs que Buonaparte avoit fait renverser la fameuse *colonne de Rosbac* : déjà on travailloit sans relâche à miner le pont d'Jena. On rapporte à cette occasion ces paroles énergiques et remarquables de Louis XVIII : « Qu'on aille sur-le-champ dire à » la personne qui a donné cet ordre, que j'exige » d'elle la promesse de me faire prévenir du mo- » ment où le pont sera prêt à sauter, *je veux me* » *placer dessus !...* » Ainsi, les ponts du *Jardin du Roi* et de l'*Ecole Militaire* ont été conservés.

— L'animosité, ou plutôt la fureur des soldats français avoit été excitée à un tel point, qu'il paroissoit décidé, en entrant en campagne, qu'*on ne feroit pas de prisonniers....* Cette effroyable résolution, si contraire à toutes les lois de la guerre chez des peuples civilisés, devoit pourtant faire craindre que les troupes étrangères, dans l'ardeur du combat, n'usassent de représailles. Un journal de Londres, sous la date du 28 mai, a annoncé que S. M. Louis XVIII avoit prié Sa Seigneurie de mettre à l'ordre du jour, dans son armée, que *chaque soldat des troupes alliées qui ramèneroit un Français toucheroit à l'instant une pièce de 20 fr.*

On affirme que cette paternelle précaution a empêché la mort d'un grand nombre de Français dans l'affreuse journée de *Mont-Saint-Jean*. Voilà le père contre lequel on arma les enfans !...

— Non-seulement à la noblesse des traits et par tant de manières gracieuses, on reconnoît aussi dans MONSIEUR le petit-fils d'Henri IV, mais encore son langage rappelle à chaque instant l'affabilité, la franchise et les heureuses reparties de ce bon Roi.

En 1814, S. A. R. étant à Lyon, s'embarqua pour aller visiter l'île Barbe; un des gardes d'honneur fit un faux pas en entrant dans le canot, et tomba dans les bras de MONSIEUR, le heurtant au côté gauche. Le jeune homme se perdoit en excuses; il étoit tout tremblant : « Rassurez-vous, lui dit S. A., vous êtes tombé » contre mon cœur, c'est la place de tous les » Français. »

— Entr'autres réponses faites par MONSIEUR à la garde nationale, le 1er de l'an 1815, on a retenu cette phrase : « Le zèle avec lequel vous » servez est admirable : il est bien vrai qu'en

» nous gardant vous vous gardez vous-mêmes ;
» mais nous ne nous chargeons pas moins d'acquitter seuls la dette de la reconnoissance. »

—Les événemens du Midi nous ont fourni dans le courant d'avril 1815 plus d'une preuve de la vaillance de S. A. R. Mgr le duc d'Angoulême ; on se souvient que son intrépidité a même compromis la sûreté de ses jours...., et causé les plus vives alarmes... Le trait que nous allons rappeler avoit déjà fait connoître, en 1814, combien est grand son amour pour les Français :

A l'affaire qui eut lieu entre l'armée du duc de Wellington et celle du maréchal Soult, un de nos soldats alloit recevoir un coup mortel : ce prince l'aperçoit, s'élance, lui fait un rempart de son corps, et le sauve ; au moment même une balle atteint au bras S. A., et la blesse. Ainsi, tant que Mgr le duc d'Angoulême vivra, une honorable cicatrice attestera le généreux dévouement avec lequel il s'est exposé pour arracher à la mort un guerrier français.

— On n'ignore plus aujourd'hui quels soins multipliés S. A. R. MADAME, dont tous les momens sont consacrés à la bienfaisance, prodigua aux prisonniers français en Angleterre ; combien elle s'efforça d'adoucir leur sort, et les secours considérables qu'elle leur fit distribuer ; allant à Bordeaux pour la première fois, MADAME s'arrêta quelques momens à Moulins. Tous les habitans lui exprimèrent leur respect et leur attachement par les plus vives acclamations. Un soldat qui avoit été fait prisonnier par les Anglais, s'approcha de sa voiture, et découvrant devant MADAME son bras cicatrisé : « Ne soyez point » surprise, lui dit-il, de mon empressement, » car voilà une blessure que V. A. a pansée. »

—Les nombreux hommages poétiques adressés à S. A. R. MADAME, à son arrivée en France, inspirèrent à un AUGUSTE PERSONNAGE les vers suivans :

De THÉRÈSE, en ce jour, pour célébrer la fête,
Poëtes, vous chantez les grâces, les appas :
Avec vos lieux communs vous lui rompez la tête;
Parlez, Messieurs, des dons que tant d'autres n'ont pas.
« Au milieu des revers une âme inébranlable;
» Des parens dans l'exil par ses soins consolés;
» Le bonheur de LOUIS et d'un époux aimable;
» Les malheureux par elle en tous lieux soulagés;
» Des cœurs vraiment français l'amour et l'espérance : »
Voilà ce qu'il faut dire, ou garder le silence.

— La bouillante ardeur de S. A. R. le duc de Berry se fit remarquer de très-bonne heure. Lorsqu'il servoit à l'armée de Condé, il tenoit sévèrement la main au maintien de la discipline et à l'exactitude du service; mais quand il avoit repris avec trop de chaleur les fautes d'un officier, il lui disoit : « Monsieur, mon intention n'a » pas été d'insulter un homme d'honneur; ici je » ne suis point un prince; je ne suis, comme » vous, qu'un gentilhomme français : si vous exi» gez réparation, je vous donnerai toutes celles » que vous pourrez désirer. »

Parmi les précieuses qualités que renferme le

cœur excellent de S. A. Royale ; on distingue cette affabilité si naturelle aux Bourbons ; le 23 juillet 1814, Mgr. le duc de Berry étant allé chasser à Saint-Germain, aperçut à l'entrée de la forêt un soldat de l'ancienne garde : ce militaire marchoit avec des béquilles, et s'avançoit péniblement ; S. A. alla au-devant de lui, et s'informa s'il avoit quelques demandes à lui faire : « Mon prince, je desire la décoration *du* » *Lis ;* » je vous l'accorde, a répondu S. A. R., qui en outre lui a fait remettre de l'argent.

Dans le courant du même mois, un sous-officier, aussi de l'ancienne garde, se promenoit un matin sous les fenêtres de S. A. R. le duc d'Angoulême, cour du château ; il tenoit un rouleau de papier, et paroissoit fort triste ; une croisée s'ouvre, Mgr le duc de Berry, en ce moment chez son auguste frère, paroît : le militaire, surpris, s'éloigne d'abord respectueusement, S. A. lui fait signe d'approcher, et de lui remettre sa pétition ; elle la lit ; et, après plusieurs questions : « Sois tranquille mon brave, dit le jeune prince, je songerai à toi, tu le mérites. » Puis gardant l'écrit, S. A. se retira en jetant les yeux autour d'elle, comme pour s'assurer si d'autres personnes ne réclamoient point sa bienveillance. Le militaire, ivre de joie, s'en alla en s'écriant : « Corbleu, les braves gens que les enfans » d'Henri IV! »

— Un militaire blessé à la bataille de *Mont-Saint-Jean* a rapporté que Mgr. le duc de Berry l'avoit pansé *lui-même*, et qu'enveloppant sa main d'un mouchoir, S. A. s'étoit exprimée ainsi : « Va, mon ami, rentre dans ta patrie, et dis » à tes camarades que c'est le duc de Berry qui » a mis le premier appareil sur tes blessures. » Le soldat étoit tellement satisfait du cadeau de ce bon prince tant de fois calomnié par la malveillance, qu'il préféreroit, disoit-il, la mort à la perte de ce mouchoir, d'autant plus précieux pour lui, qu'il est de la couleur du PANACHE DE HENRI IV.

MÉLANGES HISTORIQUES.

Le 2 avril 1814, le premier hommage rendu à Henri IV depuis la révolution, eut lieu dans la rue de la Féronnerie; un mouvement spontané réunit un concours prodigieux sous le buste de ce père du peuple; à son aspect l'air retentit des plus vives acclamations; tous les yeux s'élevoient vers le bon Roi dont on voyoit l'image, tandis que tous les cœurs s'élançoient au-devant du prince qui bientôt devoit, par son retour, faire le bonheur de la nation, et sécher nos larmes.

— Un pauvre Auvergnat voyant entrer S. M. dans la capitale le 3 mai, crioit de toutes ses forces : *Vive le Roi !* et ajoutoit : *c'est un* PAYS *celui-là !*

— Le même jour, cinq grenadiers de la vieille garde, restés à Paris comme blessés, se trouvoient sur le boulevard : leur figure étoit grave, sévère et presque triste; mais lorsque la voiture du Roi passa au milieu des acclamations universelles, un d'eux s'écria en fondant en larmes : *On n'y peut pas tenir : Vive le Roi !* Ses camarades l'imitèrent à l'instant; ces braves furent embrassés avec transport par tous ceux qui les environnoient.

— Le soir, vers le milieu de la rue du Faubourg Saint-Denis, on remarqua un transparent qui fixa l'attention, par la singularité du sujet : sur un des côtés la Mort soutenant sa tête appesantie, et ayant le coude appuyé sur un fût de colonne brisée, paroissoit dormir ; sa faux étoit loin d'elle : sur le fût de la colonne brisée on remarquoit un reste de buste mutilé. Au côté opposé, de petits enfans nus jouoient autour d'une touffe de verdure que surmontoit un Lis. Au bas on lisoit : *Croissez et multipliez ; la Mort fatiguée se repose.*

— Un particulier, avant la messe du Roi, exprimoit son impatience, et disoit qu'il l'attendoit depuis une heure ; un de ses voisins le prit par la main, et lui dit : « Vous êtes bien heureux, » monsieur, de n'attendre le Roi que depuis une » heure, tandis que moi et toute la France nous » l'avons attendu vingt-cinq ans. »

— Par ordonnance du Roi, en date du 21 juin 1814, il est dit : la décoration de la Légion-d'Honneur portera à l'avenir, d'un côté, l'effigie de notre aïeul Henri IV, de glorieuse mémoire, avec cette exergue : *Henri IV, Roi de France et de Navarre ;* et de l'autre côté trois fleurs de Lis, avec ces mots, *Honneur* et *Patrie*.

— M. le chevalier Dubos, sous-préfet de Saint-Denis, a eu l'honneur de présenter au Roi, le 27 août 1814, un tableau sur lequel se trouvent fixées *deux dents de Henri IV, toute sa moustache*, et *un peu du linge qui touchoit son corps.* Ces pieux restes ont été recueillis à l'époque de la profanation des tombeaux par feu Desingy, alors suisse de l'Abbaye, et qui les a sauvés aux risques de sa vie.

— Un arrière-petit-fils du père nourricier de Henri IV a été présenté à S. A. R. le duc d'Angoulême, à son passage à Pau. Cet homme portoit un bâton dont le bon Roi s'étoit servi dans son enfance, et que la famille a gardé religieusement jusqu'à ce jour.

— Lorsque MONSIEUR est passé à Bourg-en-Bresse, les magistrats lui ont offert les clés de la ville. Dès qu'il a touché l'une de ces clés d'or, elle a joué l'air : *Vive Henri IV !* Le prince a été plus attendri qu'étonné en recevant ce témoignage ingénieux de l'amour des fidèles Bressans.

— Le 30 janvier 1815, le Roi et les Princes de la Famille Royale ont honoré de leur présence le Théâtre-Français. Lorsque le meunier Michau a commencé le couplet *Vive Henri IV*, tout le monde s'est levé au parterre et dans les loges, et le couplet a été chanté en chœur universel. On a crié *bis*, et l'acteur Michot a substitué au couplet sur Henri IV le couplet suivant :

Chantons l'antienne
Qu'on dira dans mille ans :
Que Dieu maintienne
Sur l'trône ses Enfans,
Jusqu'à ce que l'on prenne
La lune avec les dents.

On raconte, à l'occasion de ce couplet, composé en 1792, l'anecdote que voici :

« Au mois d'août 1792, dit M. le chevalier

» de Th***, les princes dînoient dans un jardin » à Berg, village du pays de Trèves, et leur » suite dans une prairie qui n'en étoit séparée » que par une haie à hauteur d'appui. L'air de » Henri IV étoit pour nous ce qu'est le *ranz-des-* » *vaches* pour les bons et sensibles Helvétiens. » Après le couplet de l'antienne, nous en fîmes » entendre d'autres, dont chacun avoit pour ob- » jet un membre de l'auguste famille. Je ne sais » par quelle fatalité nous avions oublié Madame » Elisabeth, cette princesse vraiment angélique, » que nous regardions cependant comme notre » ange tutélaire : mais voilà que tout à coup une » voix se fait entendre du côté de la petite haie, » et une main, doucement agitée, commande le » silence : c'étoit MONSIEUR, aujourd'hui le ROI » régnant. On se tait, et aussitôt, d'une voix » pure et avec un accent qui alloit à l'âme, il » chanta ce couplet qu'il venoit d'improviser, » pour compléter les nôtres :

De notre maître
Chantons l'aimable sœur :
Dieu la fit naître,
Dans ces temps de malheur,
Tout exprès pour être
L'ange consolateur.

» Et toute la petite troupe de répéter aussitôt, en » faisant toutefois une substitution de mots, » commandée par le respect :

De notre maître
Chantons l'auguste sœur, etc.

Monsieur, en entrant au château des Tuileries, le 12 avril 1814, dit aux maréchaux de France qui l'accompagnoient : « Après vingt-» cinq années d'absence, il est doux de se re-» poser dans le palais de ses pères, au milieu de » ses compatriotes, et *sur vos lauriers*, *Mes-» sieurs*. »

— Ce fait authentique mérite d'être connu : Dans les premiers jours de mars, M. Martainville, maintenant l'un des rédacteurs de la Quotidienne, avoit formé à Vincennes une compagnie de volontaires royaux : le 19, à la tête de cette compagnie, il gardoit, non loin de Villejuif, un parc d'artillerie ; un détachement de trois cents éclaireurs de Buonaparte paroît, et se dispose à fondre sur la petite troupe pour s'emparer des canons et de munitions. Nos volontaires font bonne contenance ; mais après quelques coups de feu échangés, le chef des hussards ordonne de charger. M. Martainville, par une présence d'esprit et une intrépidité remarquables, ouvre aussitôt un caisson, s'élance dessus, et dirige son fusil, à bout portant, sur les *gargousses* : ses braves spontanément l'entourent et l'imitent. Le détachement, frappé de stupeur, s'arrête, tourne bride, et s'enfuit au galop.

— Il y eut beaucoup de courage sans doute à faire insérer cette lettre dans les journaux, le 16 *juin* 1815 :

Au Rédacteur.

« Monsieur, un homme qui veut bien me

» recommander périodiquement à l'estime pu-
» blique par ses injures, m'a fait l'honneur de
» me dénoncer dans le Patriote de 1789, comme
» auteur d'une chanson dont le refrain est, dit-il,
» *Rendez-nous notre père de Gand.* J'avois le
» projet de ne point répondre; mais comme
» j'ai reçu un grand nombre de lettres ano-
» nymes plus ou moins polies, et certaines *visites*
» que je ne veux pas qualifier, je déclare que
» cette chanson n'est pas de moi. Si j'avois eu à
» traiter une question d'une telle importance, ce
» n'est pas par un calembourg que j'aurois ex-
» primé mon opinion sur un prince aussi res-
» pectable par ses vertus que par ses malheurs. »

ALISSAN DE CHAZET.

— Le 8 juillet on remarqua que le fanon d'un détachement de la garde nationale étoit porté par M. Huet, acteur de l'Opéra-Comique, on lisoit sur ce fanon l'inscription suivante :

« Et l'on revient toujours
» A ses premiers amours. »

M. Huet, resté fidèle à la cause du Roi, suivit S. M. à Gand; un tel acte de dévouement est d'autant plus louable, que très-peu de temps auparavant, cet estimable artiste, par suite de la scène tumultueuse arrivée à Saint-Roch, et sur des rapports, à cet égard, inexacts sans doute, avoit reçu l'ordre de cesser ses fonctions de chef de musique des mousquetaires, et de chanteur de Mgr le duc de Berry; sa conduite dans les dernières circonstances lui a déjà valu une honorable réintégration, et de plus le titre de *comédien particulier* de S. A. R.

Le public s'est empressé à son tour de donner des témoignages non équivoques de satisfaction à M. Huet; sa rentrée à l'Opéra-Comique par le rôle de *Blondel*, a été pour lui un véritable triomphe; toutes les applications furent saisies avec transports : jamais aussi M. Huet ne joua avec plus d'âme et de chaleur; un juste enthousiasme applaudissoit tout à la fois le personnage et l'acteur, c'est-à-dire le talent et la *fidélité*.

— Deux auteurs connus par de charmantes productions, MM. *Théaulon*, *Dartois*, ont également prouvé leur attachement à Louis XVIII, en se rendant à Gand. Sourds aux appels et aux menaces de proscription, ils ne sont rentrés dans Paris qu'avec le Monarque dont ils avoient résolu de partager les malheurs et la destinée. Ils composèrent, dit-on, pendant leur séjour, plusieurs pièces de vers et romances analogues à la situation déchirante de ce prince chéri. On a surnommé nos deux jeunes poëtes, les *Blondels* du dix-huitième siècle.

— Depuis le retour du Roi, les Tuileries ont offert, chaque après-midi, surtout le dimanche, le tableau le plus touchant et le plus varié. Comme, en France, il faut que *tout finisse par des chansons*, on chante et même on danse sur la terrasse du château et dans les carrés de gazon. Des groupes se promènent avec des oriflammes de la couleur des lis : souvent des musiciens les précèdent ; la joie est sur tous les visages, comme dans tous les cœurs. Mais l'allégresse est à son comble, lorsque S. M., ou quelques-uns des princes de la Famille Royale, daignent se montrer à la foule immense, qui fait aussitôt retentir les airs de ses vives acclamations.

— Les deux nouvelles inscriptions placées sur les deux faces du piédestal de la statue de Henri IV, à l'Est et à l'Ouest, sont tirées, la première de *la Henriade*,

Tout périssoit enfin, lorsque Bourbon parut ;

La deuxième, d'un poëme de l'abbé Delille :

Le pauvre alloit le voir, et revenoit heureux.

— On demandoit à l'Empereur Alexandre, lorsqu'il étoit encore fort jeune, à quel prince il voudroit ressembler : « A Henri IV, répondit-il, » parce qu'il nourrissoit les Parisiens lors du » siége de cette ville. »

— Quelques années avant la révolution, Louis XVI s'amusoit à dessiner le Pont-Neuf et cette *statue* qui, pendant près de deux siècles, a fait arrêter et tressaillir d'amour et d'admiration tous ceux qui traversoient le pont. Louis XVI sembloit s'attacher d'une manière plus particulière à rendre fidèlement Henri IV. Il venoit de sortir de son cabinet, et ses crayons étoient abandonnés près du tableau. Introduit par faveur dans ce cabinet, un jeune officier, plein d'enthousiasme, se saisit d'un crayon, et traça les vers suivans :

Tes vertus, mieux que tes crayons,
Retracent dans l'âme attendrie
L'image si chérie
Du père des Bourbons.

— Au mois de novembre 1814, M. le maréchal-de-camp M***, avoit proposé un prix pour l'*Eloge de Louis XVI*, prix consistant en une médaille d'or. La pièce de vers ayant pour titre : *Malesherbes à Saint-Denis* fut couronnée à ce concours le 12 janvier 1815 : elle est de M. *Ourry*. La beauté de cette composition a été généralement reconnue. Après être resté longtemps indécis sur le choix du passage qui mérite le plus d'éloges et d'être cité, nous avons pris au hasard celui-ci :

Triomphe passager qu'un désastre a suivi !
Un nouveau jour de deuil, du monarque asservi
Décide la ruine : et par sa confiance
Devant ses ennemis amené sans défense,
Traîné de son palais dans une affreuse tour,
Des geoliers insolens ont remplacé sa cour.
Que dis-je ? il règne encor dans ces tristes murailles :
Là, plus Roi que jamais : là, plus grand qu'à Versailles,
Sa fermeté contient de vils séditieux,
Et son front dépouillé leur fait baisser les yeux.

RÉFLEXIONS *de Sully, à l'ordre du jour en* 1815.

« La vraie et bonne politique de la France, disoit le ministre et l'ami de Henri IV, est de se mettre au-dedans d'elle-même en état non-seulement de n'avoir besoin de personne, mais encore de contraindre toute l'Europe à sentir le besoin qu'elle a d'elle, ce qui n'est difficile, après tout, que pour les ministres qui n'imaginent pas d'autre moyen pour arriver à ce point que la force et la guerre. Loin de cela, que le souverain se montre ami de la paix, désintéressé dans ce qui le regarde, plein d'équité à l'égard des autres, il est assuré de tenir ses voisins dans cette dépendance qui est seule durable, parce qu'elle gagne les cœurs au lieu d'assujétir les personnes.

» Je soutiens que la paix est le grand et commun intérêt de l'Europe. J'admire combien l'Europe, pour être composée de peuples si civilisés, se conduit encore par des principes sauvages et bornés. A quoi voyons-nous que se réduit la profonde politique dont elle se pique, si non à se déchirer elle-même sans cesse? De toutes parts elle revient à la guerre; elle ne connoit aucun autre moyen, et n'imagine aucun autre dénoûment. C'est la ressource unique du moindre souverain comme du potentat. Eh! pourquoi faut-il que nous nous soyons imposé la nécessité de passer toujours par la guerre pour arriver à la paix? Car enfin la paix est le but de quelque guerre que ce soit; et c'est la preuve toute naturelle qu'on n'a recours à la guerre que faute d'un meilleur expédient. Cependant nous confondons si bien cette vérité, qu'il semble tout au contraire que nous ne faisons la paix que pour avoir la guerre.

» Qu'avez-vous à mettre à côté du malheur de la guerre? des conquêtes dont la possession forcée renouvelle vos alarmes à tous les instans, et qui, demeurant comme autant de monumens odieux qui rappellent à votre ennemi l'ambition et les offenses de celui qui les a faites, devient pour la suite un germe d'envie, de défiance, de haine, qui rallume la guerre tôt ou tard. Je ne crains point de le dire, il est presque également triste pour les princes de l'Europe, dans l'état ou elle se trouve aujourd'hui, de réussir ou d'échouer dans leurs entreprises. »

(*Mém. de Sully, liv. 14, tit. 9.*)

Ainsi pensoit, ainsi s'exprimoit un guerrier homme d'Etat, ministre d'un Roi guerrier. Quels progrès avons-nous faits depuis cette époque dans la science du gouvernement? Après avoir beaucoup disserté, nous n'avons rien de mieux à faire que de revenir aux principes avoués par la morale et par la raison. L'honneur d'un peuple consiste à être juste, à obéir aux lois, et à donner un libre essor à l'industrie et au génie des citoyens. Les rêves d'une gloire et d'une grandeur chimérique ont pu éblouir même de bons esprits; mais il est temps de remplacer de funestes illusions par d'utiles réalités. Quelle garantie n'avons-nous pas enfin d'une prospérité prochaine dans la sagesse d'un Monarque dont les lumières égalent l'amour pour ses peuples?

— MONSIEUR, l'heureux jour de son entrée à Paris, apercevant M. de Chateaubriand aux Tuileries, lui dit : *Hé bien*, M. de Chateaubriand, *voilà qui glace un peu votre verve !* M. de Chateaubriand paroissant hésiter sur le sens que S. A. R. attachoit à ces mots. — Oui, ajouta MONSIEUR, *vous n'avez plus besoin de courage* : mots honorables pour celui auquel ils furent adressés.

— Le Roi daigna répondre ainsi au discours prononcé par le président de la députation de la ville de Bordeaux, à l'époque de la restauration :

« Je reçois avec une vive satisfaction l'ex-
» pression des sentimens de ma bonne ville de
» Bordeaux. Elle mérite bien ce nom. C'est la
» première qui s'est prononcée d'une manière
» tout-à-fait française. Un de mes parens, j'ai

» pensé dire mon fils, vous a fait connoître mes » sentimens, et vous semblez les avoir devinés » dans la proclamation que vous avez publiée.»

— *Paroles de Louis XVI à* MADAME, *lors de sa première communion, le mercredi 7 avril* 1790 :

La veille de cette pieuse cérémonie, la jeune princesse se jeta aux pieds de son auguste père, pour recevoir sa bénédiction. Le Roi lui adressa ces paroles :

« Ma fille, vous me demandez ma bénédiction, je vous la donne de tout mon cœur. Vous connoissez l'importance de l'acte que vous allez faire : n'oubliez jamais ce que vous devez à Dieu, mon enfant; les grands principes de la religion doivent être la règle de votre conduite; nous sommes tenus plus étroitement, pour l'exemple, de la mettre en pratique.

» Cette religion sainte est la seule consolation qui nous soit donnée dans nos malheurs. Vous êtes en âge, ma fille, de sentir nos peines : je ne vous en ai jamais parlé, mais, dans ce moment, je crois pouvoir m'épancher avec vous : nos peines sont cruelles; mais elles m'affligent moins que celles qui désolent le royaume. Les prières de l'innocence doivent trouver grâce auprès du ciel. Adressez-lui les vôtres avec la ferveur dont vous êtes capable, pour en obtenir la fin de nos malheurs; et surtout pour mon peuple, dont la situation, je vous le répète, déchire mon âme. »

— Tous les officiers de la garde nationale s'étoient réunis dans la grande galerie du *Muséum*, pour être passés en revue par MONSIEUR, peu de jours après son heureux retour dans la capitale; S. A. R. voyant cette belle réunion dit: *De tous les tableaux que je vois ici, aucun ne me plaît autant que celui qui me représente ma famille rassemblée.*

— Mgr le duc de Berry passant la revue d'un bataillon de la vieille garde, à Fontainebleau, en 1814, plusieurs soldats crièrent *vive l'empereur!* « —Vous aimez donc bien votre empereur? dit le » prince avec aménité. — Certainement, s'écria » l'un d'eux, il nous conduisoit toujours à la » victoire. — Cela n'étoit pas difficile, avec » des braves tels que vous, reprit S. A. R. »

Cette réplique, honorable pour ces guerriers, électrisa tellement leurs âmes, que Mgr le duc de Berry n'entendit en traversant les rangs que les cris répétés de *vive le Roi! vive le duc de Berry!*

— Un postillon qui conduisoit la voiture de S. A. R. Madame la duchesse d'Angoulême sur la route de Lyon, étant tombé de cheval, et ayant été grièvement blessé, l'auguste princesse, dont tous les momens sont consacrés à la bienfaisance, se fit donner des nouvelles tous les jours de ce malheureux homme; et dès qu'il fut en état de se transporter, elle le fit venir à Sens pour le voir, et lui fit donner vingt-cinq louis de gratification.

— Dans sa promenade du jeudi 4 janvier, le Roi s'étoit arrêté au relais du boulevard du Mont-Parnasse : les élèves de M. l'abbé Liautard, qui se trouvoient à la promenade, n'eurent pas plutôt aperçu la voiture qu'ils accoururent en foule, et saluèrent S. M. par des cris répétés avec l'enthousiasme particulier à leur âge. S. M. ayant su quel étoit ce collége, dit en souriant à son capitaine des gardes : « Je vais faire des heureux.... Qu'on ouvre la portière. » Puis s'adressant aux élèves avec sa bonté accoutumée : « Mes amis, je vous donne un congé à tous, — à tous. »

— Le 22 janvier 1816, S. A. R. Mgr le duc d'Angoulême, accompagné du maréchal Victor, est allé visiter les chasseurs de la garde. Lorsque S. A. est entrée il n'y avoit qu'un petit nombre de soldats avec lesquels elle s'est entretenue long-temps, demandant à chacun quelles campagnes ils avoient faites, combien de blessures ils avoient reçues, s'ils ne manquoient de rien, et s'ils étoient bien payés, bien nourris ; et entrant avec la plus grande sollicitude dans leurs intérêts et leurs affections.

Un sapeur, que la bonté du prince avoit enhardi, courut chercher une bouteille de vin et plusieurs verres, et dit en rentrant : « Mes camarades, nous allons boire à la santé du Roi et de Mgr le duc d'Angoulême.

Quand ce vin eut été versé, ce prince dit aux chasseurs : « Mes amis, allez me chercher un verre ; je veux trinquer avec vous pour la santé du Roi. » En effet, S. A. R. et le maréchal Victor heurtèrent leurs verres avec ceux des braves de la garde. Des cris de *vive le Roi!* retentirent, et le prince laissa les chasseurs pénétrés d'amour et de reconnoissance.

— MM. le président, les membres du bureau de la chambre des députés ayant eu l'honneur de présenter à S. M. la loi sur l'amnistie, le Roi, en la remettant à S. Exc. le ministre de l'intérieur, a dit : « Vous êtes témoins, Messieurs, de l'ordre que je donne de transmettre ce projet de loi à la chambre des pairs. Je suis très-content de la chambre. J'espère qu'à l'avenir vous ne crierez plus *vive le Roi! quand même...* »

— M. Ducis, de l'ancienne académie française et de l'institut, autrefois secrétaire de S. A. R. MONSIEUR, ayant eu l'honneur d'être présenté à S. M., lui offrit le recueil de ses œuvres. M. Ducis ayant dit à S. M. qu'il espéroit qu'elle n'auroit pas oublié les traits de l'un de ses plus anciens serviteurs, le Roi qui avoit agréé l'hommage de ses talens avec une extrême bonté daigna ajouter : *Je vais vous prouver que je m'en souviens très-bien....* et de suite, avec un sentiment et une grâce inexprimables, S. M. a prononcé de mémoire, devant l'auteur d'*Œdipe chez Admète*, ces quatre vers :

Oui, tu seras un jour, chez la race nouvelle,
De l'amour filial le plus parfait modèle ;
Tant qu'il existera des pères malheureux,
Ton nom consolateur sera sacré pour eux.

S. M. daigna ajouter des expressions pleines

de bienveillance pour le poëte respectable qui lui étoit présenté.

— Voici des détails sur la promenade que S. M. a faite le 26 août 1815, dans le faubourg Saint-Antoine :

A peine sa voiture parut-elle, qu'elle fut entourée par plus de six mille personnes de tout âge, de tout sexe, de tout rang, qui se précipitoient à genoux dans la rue, en criant *vive le Roi! vive notre bon Roi!* Les plus proches de la portière baisoient les mains que le prince leur tendoit avec affection : d'autres s'élançoient sur les chevaux, qu'ils accabloient de caresses, comme pour se dédommager de ne pouvoir adresser au Roi les mêmes témoignages de leur respectueux amour. Tout le monde pleuroit. Au milieu de cette douce confusion, on entendoit sortir ces mots :

« N'est-il pas vrai, Sire, que vous n'avez pas cru le mal que l'on vous a dit de nous ? Quelques mauvais sujets n'étoient pas le faubourg. Vous comptez sur nous, n'est-il pas vrai, Sire? » — « Oui, mes enfans; oui, répondit le Roi. Je suis certain de vos bons sentimens ; je vous porte dans mon cœur. Ce cœur saigne de vous voir souffrir; mais bientôt vous aurez du travail, et une paix qui ne sera plus troublée, je l'espère. Vous voyez avec quelle confiance je viens parmi vous. » Et les cris de *vive le Roi!* répondoient à ces paroles du bon Monarque, qui s'est retiré au milieu des acclamations universelles.

— Dans les premiers jours d'octobre 1815, un de ces honnêtes factieux qui voient l'honneur et la gloire de la France dans les troubles et les réactions, répandit la nouvelle alarmante que Paris étoit à feu et à sang, et que la famille royale avoit été obligée de s'éloigner. L'épouvante fut semée dans un petit village de l'Anjou: déjà les braves Angevins vouloient marcher au secours de la capitale, quand l'un d'eux leur proposa de faire le voyage de Paris pour s'assurer de la vérité, et leur promit de revenir bientôt leur donner des nouvelles. Après avoir embrassé sa femme et ses enfans, il part, son bâton à la main, sa blouse sur le dos, et arrive aux Tuileries le quatrième jour. Il demande ingénuement à plusieurs personnes des nouvelles de notre bon Roi. Il y avoit dans son langage et dans ses manières quelque chose de si touchant et de si comique qu'on le crut fou, et qu'on dédaigna de lui répondre. Désolé de ce qu'on ne le comprenoit pas, il prend le parti d'attendre sur une borne de la cour du château l'occasion de s'assurer par lui-même de ce qu'il cherche à savoir. MADAME, duchesse d'Angoulême, alloit à la promenade; il la reconnoît, et s'écrie avec attendrissement: *En vlà déjà une qui se porte ben;* quelques instans après MONSIEUR et les princes ses fils passèrent devant lui en revenant de la chasse: Bon! dit-il, *en vlà encore trois qui n'sont pas morts non plus.* Enfin le Roi sort pour faire sa promenade accoutumée; le bon paysan court après la voiture en criant : *Vive not' bon Roi !* Il s'arrête sur la place du Carrousel pour reprendre haleine, et rassemble autour de lui une foule de curieux auxquels il communique son émotion : J' sommes donc tranquilles : *Le vlà donc l'brave cher homme, je l'ons vu de nos propres yeux : qu'nos amis vont être joyeux de cette nouvelle.* Là-dessus essuyant ses larmes, il demande l'adresse de M. le marquis de Larochejaquelein son commandant ; il veut aller le voir avant de partir ; quelqu'un s'offre de le conduire ; il court à son hôtel, s'assure qu'il est bien portant aussi, et sans vouloir prendre le moindre repos, il retourne sur-le-champ à son village, raconte ce qu'il a vu, et leur dit : *La famille royale et la capitale se portons ben tretoutes.*

— M. le duc d'Escars, premier maître-d'hôtel du Roi, reçut dans le courant d'avril dernier la lettre suivante de Mlle Mainguené, la première marchande de beurre de Bretagne :

« Monsieur, j'ai l'honneur de vous saluer avec respect : j'apprends que le beurre que vous m'avez commandé est pour notre bon Roi ; en ce cas vous le paierez cinq sous de moins par livre, tant je suis contente d'avoir un Bourbon pour Roi ; si j'étois plus à l'aise, je lui ferois cadeau du tout.

» J'ai l'honneur, etc. »

Il y a tout lieu de croire que Mlle Mainguené vendoit, il y a trois ans, son beurre pour les

Tuileries au moins *dix sous* de plus par livre, et qu'elle n'y joignoit pas de lettre d'envoi.

— L'état-major et les officiers de la garde nationale se sont rendus vers midi, le 18 avril dans la galerie de Diane, pour présenter leurs hommages et leurs félicitations à MONSIEUR, colonel général de cette arme, à l'occasion de l'anniversaire de l'entrée de ce prince dans la capitale.

Les officiers de chaque légion ont défilé devant S. A. R.; après le défilé, les chefs de légion et les officiers de l'état-major ont formé un cercle autour de MONSIEUR, et M. le chevalier de Chazet, l'un des officiers, a lu, avec l'émotion d'un cœur vraiment français, la pièce de vers suivante, de sa composition.

ANNIVERSAIRE DU 12 AVRIL.

Avril, nous ramenant l'agréable tableau
De la jeunesse de l'année,
Au bienfait du printemps joint un bienfait nouveau,
Et nous ramène aussi cette heureuse journée
Où faisant succéder le bonheur à l'effroi,
Et le plaisir à la souffrance,
Paris, en retrouvant et la paix et son Roi,
Revit le noble Fils de France.
De ce beau jour qui n'eût pas dû finir,
O muse ! retrace l'image.
Des biens qu'on a goûtés on ressaisit l'usage
Par le charme du souvenir ;
Et peindre le bonheur c'est encore en jouir.
Déjà les citoyens, entraînés par leur zèle,
Jusques aux plaines de Livri,
Du Frère de leur Roi chéri
Cherchent la bannière immortelle.
D'Artois paraît.... on n'entend plus qu'un cri :

Vive le Roi!.... C'est un délire
Qui se propage à l'aspect d'un Bourbon!
On pleure, on regarde, on admire
Son air à la fois noble et bon.
Quelle allégresse étoit la nôtre!
De Louis heureux précurseur,
Quand vous nous donniez un bonheur,
Vous vous en promettiez un autre.
Plus empressé que circonspect,
Auprès de vous chacun veut trouver place;
On vous entoure, on vous embrasse;
L'excès d'amour nuit au respect.
Votre accueil nous séduit, votre bonté nous touche,
Et tous les mots, sortis de votre bouche,
Sont recueillis et retenus :
« Après une trop longue absence,
» Je retrouve des cœurs qui me sont bien connus,
» (Nous disiez-vous) j'arrive, et rien ne change en France :
» On n'y voit qu'un Français de plus. »
Mais déjà de Paris, on franchit la barrière;
On voudroit pour vous voir fixer le vol du temps;
Et, dans un seul faubourg, la capitale entière
Rassemble tous ses habitans.
Pour vous bénir toutes les voix s'unissent,
De nos cris les airs retentissent;
Chacun répète : c'est bien lui;
De la félicité son retour est le gage.
Oui, le voilà; nous revoyons Henri,
Son sang.... et surtout son image.
Des lauriers, des festons, tracent votre chemin;
Pour le spectateur idolâtre,
Chaque fenêtre est un jardin,
Chaque toit un amphithéâtre.
Tous les cœurs sont électrisés,
On se heurte, on se précipite,
Et les mouchoirs que l'on agite
Sont des drapeaux improvisés.
Chacun à l'envi se signale,
Et comme au temps des Nemours, des Bayards,
Les dames sur vos pas jettent la fleur royale
Qui brille sur nos étendards :
C'est une marche triomphale.

Bientôt le temple s'ouvre, on entend votre voix
Bénir le Dieu que l'univers adore ;
Et le front prosterné, le fils des Rois implore
Celui par qui règnent les Rois.
Vous traversez les flots d'une foule joyeuse,
Pour vous rendre aux palais de vos nobles aïeux,
On signale des malheureux
A votre bonté généreuse ;
Soudain vous leur rendez et l'espoir et la paix.
Ainsi, cette belle journée
Qui commença par des bienfaits,
Par des bienfaits fut couronnée...
Un an s'écoule !... Ô douleur ! ô regrets !
Faut-il, hélas ! que je vous peigne
Tant de grandes erreurs, tant de lâches forfaits ;
Vous le savez du moins, les cœurs vraiment français
N'ont jamais connu d'interrègne.
D'ailleurs, vos revers si fameux
Ont éclairé votre cœur généreux ;
Au sein des tempêtes nouvelles,
Et les ingrats, et les fidèles,
Se sont dévoilés à vos yeux.
Entrons dans ce laboratoire,
Où la chimie attise ses fourneaux ;
Par le creuset épuratoire,
L'or fin, est à l'instant séparé de l'or faux :
Ainsi par une épreuve à la fois prompte et sûre,
Le malheur priva l'imposture
D'un masque de fidélité ;
Et la vertu sortit plus brillante et plus pure
Du creuset de l'adversité.
Un plus beau jour luit enfin sur la France :
La vérité tardive a remplacé l'erreur,
Et vous voyez fêter par la reconnoissance
L'anniversaire du bonheur.
Nos vœux et nos respects sont notre simple offrande ;
Chacun à vous chérir a pu s'accoutumer.
S'il falloit des leçons, le chef qui nous commande (1)
Nous apprendroit à vous aimer.

---

(1) M. le maréchal duc de Reggio.

De vos brillans drapeaux chacun se rendra digne ;
Et dans la garde où nous servons,
Fidélité, dévouement aux Bourbons,
Seront toujours notre consigne,
A notre Roi nous le jurons.
Ce doux serment que ma voix vous annonce,
Franc comme vos discours, pur comme votre cœur,
Il sera rempli par l'honneur;
Et c'est l'amour qui le prononce.

Pendant la lecture de ce morceau, plusieurs fois le prince s'est attendri jusqu'à verser des larmes. Après en avoir fait compliment à l'auteur, MONSIEUR a ajouté : « Si les maux de l'usurpation n'avoient pesé que sur nous, nous les souffririons avec beaucoup moins de peine ; heureusement tout peut se réparer. »

— Nous regrettons sincèrement que la belle Epître au Roi de M. le chevalier du Puy-des-Islets ne soit pas encore imprimée; nous nous serions empressés d'en orner ce recueil. Nous pensons que la publicité de cette pièce de vers dont nous avons entendu la lecture, ne démentira point le brillant éloge qu'en ont fait un de nos poëtes les plus estimés, l'auteur de la tragédie de Ninus, et un de nos Aristarques les plus justement renommés, M. Ch. Nodier. Voici comment le premier s'exprime :

« On parle beaucoup dans la littérature d'une Epître au Roi par M. le chevalier du Puy-des-Islets, ci-devant officier supérieur dans les chevau-légers de la garde du Roi. Cette épître offre une multitude de beautés poétiques, des sentimens nobles et des expressions dont s'honoseroit le plus grand écrivain. L'auteur a lu son ouvrage aux personnes de la cour les plus distinguées par leur rang et par leur esprit, faveur qui doit, dit-on, lui valoir encore de plus augustes suffrages, la plus belle récompense d'un *poëte bon Français*.

L'auteur a bien voulu nous confier seulement quelques vers de la péroraison de son Epître. Il y peint son enthousiasme pour les arts, sa haine pour l'intrigue, et son amour pour la France et pour son Roi, avec autant d'éloquence que d'énergie.

. . . .
Que de Louis-le-Grand, Louis-le-Désiré,
Rajeunisse à nos yeux le sceptre révéré,
Des beaux-arts qu'à sa voix l'éloquente famille
Accompagne l'éclat dont la royauté brille !
La lyre et les pinceaux, les talens enchanteurs,
Valent bien les accens d'obscurs adulateurs.
Confonds dans les replis de sa marche rampante
L'intrigue au corps subtil qui se glisse et serpente.
Que l'honnête homme seul, et sans ruse et sans fard,
D'un monarque honnête homme appelle le regard.
Que seuls ces preux vaillans, ces ministres fidèles,
Du temple de l'honneur colonnes immortelles,
Soient l'appui, l'ornement et l'orgueil de ta cour.
Mais l'aube rayonnante amène un plus beau jour :
La discorde en grondant s'exile de la terre ;
Et Mars vient à tes pieds éteindre son tonnerre.
Les traîtres sont livrés au glaive de Thémis.
J'aime à voir ces guerriers, le front calme et soumis,
Mêlant leurs étendards, confondant leur hommage,
A ton sage regard épurer leur courage.
Que le front de l'honneur ennoblit un laurier !
S'élançant du cercueil paraît François Premier,
Les Guesclin, les Bayard, qu'attristaient nos alarmes,
D'un belliqueux signal font retentir leurs armes,

Et l'œil avec amour attaché sur les lis,
Reconnoissent encore et la France et leurs fils.

— Un très-grand seigneur, à qui M. le chevalier des Islets avoit eu l'honneur de présenter son *Epître au Roi*, lui disoit dernièrement : « Je n'ai point encore fini de lire vos beaux vers, *je les économise.* »

— M. le chevalier Alissan de Chazet, encouragé par le sourire le plus aimable, a adressé à S. M., ces vers qui joignent au mérite d'une versification élégante, facile, celui d'exprimer les sentimens dont nos cœurs sont pénétrés.

ANNIVERSAIRE DU 3 MAI 1814.

D'un prince cher à notre amour,
Et que l'Europe entière honore,
J'ai déjà chanté le retour :
Mon cœur veut que je chante encore.
De la félicité j'ai célébré l'aurore :
Je dois en célébrer le jour.
Vous avez seul accompli pour la France
Tout l'avenir promis par votre précurseur :
En retraçant les biens dus à votre présence,
Le poëte de l'espérance
Devient le peintre du bonheur.
Et quel Français pourroit se taire,
Lorsque le plus brillant des mois
Nous ramène un anniversaire
Qui revient aujourd'hui pour la seconde fois,
Et que nous célébrons, hélas! pour la première?
Du grand art de régner, comme règne un Bourbon,
D'Artois faisoit le noble apprentissage :
Il commandoit en père, et gouvernoit en sage;
Il faisoit bénir votre nom,
Pour mieux retracer votre image !...
Vous revenez, après vingt ans,
Dans cette France si chérie :
Vous revoyez tous vos enfans,

Qui vivoient en exil dans leur propre patrie.
Vous revenez..... victimes à la fois
Et du caprice et de la guerre,
Nous retrouvons et la paix et des lois,
Double bienfait de notre pere.
Vous méditiez de loin cet ouvrage immortel,
Où la sagesse et la prudence,
Le génie et l'expérience,
Ont, dans un code paternel,
D'une liberté sage établi la balance;
Où, d'accord avec l'équité,
La loi nous sert toujours d'arbitre;
En un mot, *notre plus beau titre* (1)
Aux yeux de la postérité.
Son code en main, le Salomon de France
De nos murs vient bannir l'effroi :
Il entre, et tout Paris s'élance,
Affamé de revoir son Roi;
Il entre : chacun, à sa vue,
Du bon Henri, qu'on croit voir arriver,
Redresse l'antique statue;
Des monstres l'avoient abattue,
Des Français vont la relever.
Chacun disoit avec reconnoissance,
En contemplant le Béarnais :
Il est juste qu'enfin l'on nous rende ses traits,
Puisque son règne recommence.
C'est pour fêter cet immortel retour,
Cette journée à la fois noble et sainte,
Qu'on nous permet de garder un seul jour
Du Palais la royale enceinte!....
Ah! c'est trop peu pour tant d'amour!
Oui, c'est trop peu pour des sujets fidèles;
Un seul jour ne sauroit contenter nos désirs.
Ce temps qui pour la peine a des langueurs mortelles,
Pourquoi faut-il qu'il ait des ailes
Lorsqu'il emporte nos plaisirs?
Ah! du moins profitons de ce moment prospère,
Pour voir, pour admirer de près
Du second Saint-Louis la fille auguste et chère,
Votre Antigone et l'Ange des Français;
Pour contempler aussi les traits d'un tendre père

(1) Discours du Roi à la chambre des députés.

Dont la douce et franche bonté
Veut qu'on aime et non pas qu'on craigne,
Et dont la noble aménité
Présente au regard enchanté
L'image du bonheur promis à votre règne.
Oui, Sire, c'est en vain que le fier conquérant
Qu'on admire et qu'on fuit, qu'on cite et qu'on abhorre,
Usurpe le beau nom de grand.
Le plus grand prince est celui qu'on adore.
Un calme heureux dure plus qu'un vain bruit.
Nous préférons, pour le repos du monde,
Au torrent fougueux qui détruit,
Le fleuve utile qui féconde.
La paix et le bonheur valent bien les exploits.
L'olivier fut toujours le laurier des bon rois.
On l'a dit et redit sur la foi d'un adage,
Qui par l'erreur nous fut transmis :
« Si la grandeur du trône est leur partage,
Les souverains n'ont point d'amis. »
Ce n'est là qu'un faux témoignage.
Sire, regardez-nous, nous sommes tous d'accord
Pour démontrer que le proverbe a tort;
De la fidélité nos cœurs portent la preuve (1) :
Pour nous votre malheur ne fut pas une épreuve;
Lorsque le ciel nous a donné
Un monarque clément et sage,
Il est bien plus chéri s'il est infortuné.
Il peut se voir contraint de céder à l'orage,
Mais il n'est jamais détrôné.
Il commande de loin, il règne en son absence :
On l'aime, et c'est là sa puissance.
Ainsi dans votre exil vous emportiez nos vœux;
Voilà les cœurs français, Sire, voilà les nôtres !....
Pardonnez si des pleurs s'échappent de nos yeux.
Ce sont des pleurs d'amour..... Sous votre règne heureux
On n'en répandra jamais d'autres.

— M. A..., fonctionnaire public à Lons-le-Saulnier, se trouvant, le 9 août, sur le passage

(1) La nouvelle décoration de la garde nationale.

de S. A. R. Mgr le duc d'Angoulême, s'écria par inadvertance : *vive l'empereur !* Mais à peine eût-il proféré ces fatales paroles, que, revenu à lui-même, il dit à son voisin : *Ah ! mon Dieu, qu'ai-je fait ?* et il se mit à crier *vive le Roi !* Cependant l'autorité dressa procès-verbal de ce qui s'étoit passé. M. A.... instruit des mesures que la police prenoit contre lui, et très-honteux de sa faute, se rendit à Besançon, sollicita et obtint, par l'entremise de M. le duc de Guiche, une audience du prince qui venoit d'arriver dans cette ville. S. A. R. avoit entendu le cri séditieux, mais en même temps elle avoit très-bien remarqué le signe de douleur et de confusion de celui qui l'avoit proféré, et elle avoit même déjà daigné témoigner quelque inquiétude des tourmens auxquels il devoit être livré. A peine M. A.... se fut-il présenté devant S. A. R. qu'elle le reconnut : elle le consola et le rassura avec une grâce infinie, et lui fit remettre, par M. le duc de Guiche, pour M. le préfet du Jura, une lettre par laquelle elle faisoit dire à ce magistrat qu'elle seroit au désespoir qu'on donnât aucune suite à cétte affaire.

On se rappelle avec quelle indulgente bonté et spirituelle affabilité S. A. R. Monsieur dit à une pauvre marchande de fruits qui avoit aussi commis bien innocemment une faute à peu près semblable : *Vous avez raison, bonne femme, il faut que tout le monde vive.*

Chaque parole de nos princes nous fait souvenir qu'ils sont les descendans du Béarnais : on y retrouve la bonté de son cœur l'amabilité de son esprit, et dans tous leurs *traits*, enfin, *l'air de famille*.

— Le 10 juillet, après le déjeuner du Roi, M. le chevalier Alisan de Chazet a été admis dans le cabinet de Sa Majesté, et il a eu l'honneur de réciter devant elle la pièce de vers que voici :

ANNIVERSAIRE DU 8 JUILLET 1815.

Je te salue, ô jour trois fois heureux !
Gage brillant du bonheur de la France,
Tu seras célébré par nos derniers neveux
Comme le jour de délivrance.
L'utile souvenir de tous les maux soufferts
Seul pourra désormais en éloigner l'atteinte ;
Le Destin, en brisant nos fers,
Exprès nous en laissa l'empreinte.
Le Temps sembla s'arrêter dans son cours ;
Et, sans pitié pour nos douleurs mortelles,
Ne garda que sa faux et déposa ses ailes
Pendant le siècle de cent jours.
Le colosse, porté sur les bras des parjures,
Avec fracas venoit de s'écrouler ;
La patrie essuyoit ses sanglantes blessures.....
Quand le Roi tout à coup revient nous consoler.
Dès que ce bruit flatteur a couru dans la ville,
Les soldats citoyens par leur zèle entraînés,
Noblement indisciplinés,
Volent, malgré leur chef, aux plaines d'*Arnouville* ;
On veut en vain leur inspirer l'effroi,
Des factieux ils bravent la colère :
Rien n'arrête un enfant qui veut revoir son père.
Rien n'arrête un sujet qui veut revoir son Roi.
Mais pendant qu'à Paris la ligue furieuse
Des vils apôtres de l'erreur,
En repoussant une main généreuse,
Capitule avec le bonheur,
Une heureuse nouvelle à l'instant est semée ;

On la recueille, on la répand;
L'écho la répète et s'étend
Dans la capitale charmée.....
Le Roi de France est entré dans nos murs!....;
Soudain la ville entière est sa brillante escorte:
En offrande chacun lui porte
Et l'ardeur la plus vive et les vœux les plus purs.
Le soleil sans nuage éclaire son entrée;
Les Français peuvent tour à tour
Jouir de sa vue adorée:
Un tyran seul craint le grand jour.
Auprès du char royal sont ces guerriers fidèles,
Ces maréchaux vétérans de l'honneur,
Du trône menacé les nobles sentinelles
Et les courtisans du malheur.
Bravant la froide symétrie,
Le délire a rompu les rangs;
On se pousse, on se presse, on crie,
Les petits sont auprès des grands;
L'amour a franchi les distances,
Le plaisir est la seule loi.
Le mot d'ordre est bonheur, les marches sont des danses,
La musique est *vive le Roi!*
Pour le cœur des Bourbons n'est-ce pas la meilleure?
C'est au milieu de ce concert d'amour
Que Louis a gagné sa royale demeure.
Mille voix à l'envi célèbrent son retour;
De tous ses sentimens Louis veut nous instruire;
Et comme son bonheur est de se voir aimer,
Il veut ainsi nous exprimer
Qu'il ressent l'amour qu'il inspire.
Mes amis, mes enfans..... c'est tout ce qu'il peut dire;
Sa grande âme s'agite, on voit ses pleurs couler;
Sur ses lèvres sa voix expire,
Pour la première fois, il ne sauroit parler.....
Bon Roi, nous comprenons votre éloquent silence,
Et pour calmer votre sensible cœur,
Nous allons vous offrir le tableau du bonheur:
Aussitôt la foule s'élance,
Chacun se serre, chacun court,
Ce n'est plus qu'une chaîne immense,
Et l'on voit sauter en cadence

La paysanne en jupon court,
Les maîtresses et les soubrettes,
Et les mamans et les fillettes,
Et les nobles et les bourgeois;
Les ouvriers, les gens de lois,
La duchesse en grande parure,
Et la coquette en négligé;
C'étoit la France en miniature,
C'étoit Paris en abrégé.
Depuis ce jour si cher à nos âmes ravies,
Que de malheureux consolés,
De pleurs taris, de vœux comblés
Et d'espérances accomplies!
Naguère encor, quand l'hymen le plus beau
Réalisa notre espérance,
C'est, grâce à notre Roi, que d'un trésor nouveau
L'Italie a doté la France.
L'auguste Caroline unit des dons charmans:
Aménité, bienfaisance, talens,
Doux caractère, esprit facile,
Elle a tout et n'a pas vingt ans;
C'est bien la preuve qu'en Sicile
La moisson se fait au printemps.
Cet hymen, fécond en prodiges,
Va multiplier nos Bourbons;
Quand l'amour assortit deux tiges,
On est bien sûr des rejetons.
Ah! puissent-ils, à nos yeux réjouis,
De l'esprit, du cœur de Louis,
Retracer la vivante image!
A notre amour qui peut nier ces droits?
Notre bonheur n'est-il pas son ouvrage?
Aimés-le, magistrats qui chérissez les lois;
Aimez-le, malheureux dont il entend la voix;
Aimez-le, francs guerriers, de nos preux les modèles,
Dont il ne veut jamais oublier la valeur;
Aimez-le, guerriers infidèles,
Dont il veut oublier l'erreur;
Aimez-le, par reconnoissance,
Fils d'Apollon, pour qui l'or n'est pas tout,
Dont la plus noble récompense
Est le suffrage du bon goût;

Aimez-le, commerçans, car sa raison profonde
D'un calme nécessaire est le plus ferme appui ;
Aimez-le, vous trouvez en lui
Le garant de la paix du Monde ;
Aimons-le tous, et songeons bien
Que, pour payer tant de bienfaits durables,
Pour acquitter nos cœurs envers le sien.....
Nous serons toujours insolvables.

Sa Majesté, qui a été plusieurs fois *vivement émue*, a bien voulu témoigner à M. Alissan de Chazet toute sa satisfaction, en lui adressant les paroles les plus flatteuses.

— Récemment pendant le Conseil du Roi, S. Exc. le ministre de..... toussoit beaucoup : sa voix étoit foible ; M. le duc de *** dit à S. M. : Sire, « M. *** néglige sa santé et travaille trop, il mérite quelques reproches : » *Que voulez-vous*, répliqua le monarque du ton le plus affectueux, *il faut bien qu'il y ait en lui quelque chose qui me déplaise.* »

— *Encore une vengeance* de l'un des dignes descendans de Henri IV.

S. A. R. le duc d'Angoulême étant dernièrement à Grenoble, prenoit diverses informations sur l'esprit actuel des habitans des environs : on lui disoit que tout le pays étoit maintenant animé des meilleurs sentimens, à l'exception de vingt individus égarés, que rien n'avoit pu rallier encore au *panache blanc*. Le prince demande les noms et la demeure de ces individus : on hésitoit à lui obéir, objectant qu'ils étoient signalés et surveillés de près. S. A. insiste : on lui remet la liste.

Quelques jours après, le prince ; en se rendant à Aix, s'arrête dans une commune voisine des lieux habités par les vingt personnes désignées, et les envoie chercher : on juge quel dut être leur effroi en paroissant devant Son Altesse Royale, et surtout leur étonnement lorsque Mgr le duc d'Angoulême dit qu'ayant l'intention de visiter les montagnes voisines, ils seroient ses seuls guides ; des chevaux sont amenés ; le prince défend à sa suite de l'accompagner ; il part avec ses vingt nouveaux *gardes-du-corps*... déjà vivement émus, et disparoît.

Au bout de quatre grandes heures, on voit enfin revenir S. A. R. entourée de ses *guides* qui agitoient en l'air leurs chapeaux, et crioient de toutes leurs forces et de tout leur cœur : *Vive le Roi ! vive le duc d'Angoulême !*

Depuis ce trait que l'histoire transmettra à la postérité, depuis ce trait qui appartient au véritable héroïsme, nos vingt *buonapartistes* sont les *ultra-royalistes* du canton.

Couplets pour le repas de corps du 24e régiment des Chasseurs des Vosges, sous les ordres de M le comte de Mont-Gardé.

Marchez, hardis enfans des Vosges,
Marchez sous le meilleur des Rois ;
Et justifiez les éloges
Qu'on décernoit à vos exploits.
Que le blanc drapeau d'Henri Quatre
S'élève sur vos monts altiers ;
Et que ce guerrier diable à quatre
Renaisse dans tous nos guerriers.

Bacchus, et l'amour et la gloire,
De fleurs jonchoient, dit-on, ses pas.
Qui vous défend d'aimer, de boire,
Si Mars sourit à vos ébats?
Mars ne folâtre sous la treille
Que pour mieux triompher après;
Et sa lance en fureur s'éveille
Quand elle a dormi dans la paix.

Pourtant au sein de nos campagnes,
Soldats, protégez le repos;
Qu'il habite sur vos montagnes,
Et soit ami de vos drapeaux.
Mais, si de nouveaux Allobroges
Tentoient d'ébranler votre foi,
Aux armes, fiers enfans des Vosges,
Aux armes, et *Vive le Roi!*

Ce cri devançoit l'oriflamme,
Guidon de nos premiers Français;
Ce cri, s'élançant de notre âme,
Aux braves prédit des succès.
Voyez ces amans de la gloire,
A Lins, Marsaille et Fontenoi,
Immortaliser la victoire
Au seul cri de *Vive le Roi!*

France, il défendra ta couronne,
J'en jure d'Artois, nos Bayards,
Berri, ton auguste Amazone,
Et d'Angoulême ton dieu Mars.
Soldat, arme-toi de ton verre,
A nos Bourbons bois avec moi;
Bois, chante, et que ton cri de guerre
Soit *à jamais vive le Roi!*

Du Puy-des-Islets, *major de cavalerie*,
chevalier de Saint-Louis.

Nota. La musique de ces couplets, pleins de verve et d'idées vraiment françaises, est composée par le célèbre *Paër*.

— Le 12 août, la chasse de Mgr le duc de Berri ayant été terminée près de Sèvres S. A. R. ordonna que le daim fût porté sur la route, dans le village de Sèvres même, où la calèche de madame la duchesse de Berri avoit été forcée de s'arrêter, ne pouvant gagner les hauteurs où l'animal venoit d'être pris : à l'instant une foule d'habitans entourèrent le prince et la princesse dont l'accueil plein de bonté attiroit tous les cœurs. Mais qu'on juge de l'exaltation de tous ces braves gens, lorsqu'au moment où les chiens alloient dévorer la proie qui leur étoit abandonnée, un jeune garçon qui tenoit dans ses bras un enfant de trois mois, étant poussé par la foule et renversé au milieu de la meute, le prince se précipita, saisit l'enfant qui jetoit les hauts cris, et le remit lui-même entre les mains de ses parens, qui, ainsi que tous les spectateurs de cette scène attendrissante, redoublèrent leurs acclamations. S. A. R., au moment de monter en voiture, a remis à M. le maire de Sèvres 300 fr. pour les pauvres de sa commune.

— *Combien a coûté la révolution ?*

Les intrigans, auteurs, ou continuateurs de la révolution, ont dilapidé *un milliard et demi* en numéraire.

Quinze à vingt en papier.

Les sénateurs, au nombre d'environ cent quarante individus, ont partagé entr'eux, pendant douze à quatorze ans, la somme de 77 *millions*. En échange, le sénat a livré à Buonaparte le sang de 8 millions de Français et d'étrangers; successivement immolés sur le champ de bataille ou dans les hôpitaux : chaque homme n'est donc revenu qu'à 12 fr. et quelques centimes, prix modique : ce qui prouve bien le désintéressement de ceux qui les vendoient.

Quelques détails et anecdotes relatifs à la ville de Bordeaux au mois de mars 1815, *et pendant les cent jours.*

Ce sont deux témoins oculaires qui parlent tour à tour :

« MADAME et Mgr le duc d'ANGOULÊME arrivèrent à Bordeaux le 5 mars, et y furent reçus avec des transports qu'il n'est pas possible de décrire.

» Le commerce et la ville avoient offert à LL. AA. RR. des fêtes qu'elles avoient acceptées.

» La première eut lieu le 9 mars. Le duc d'ANGOULÊME y assista avec MADAME, et personne ne remarqua en eux le plus léger trouble qui annonçât quelque sujet d'inquiétude.

» Le lendemain 10, on apprit, avec le plus grand étonnement que le prince étoit parti peu de momens après avoir quitté la fête. Le motif de ce départ précipité fut d'abord ignoré; mais on fut instruit, dans le courant de la journée, que Buonaparte avoit débarqué en Provence avec quelques centaines de soldats, et que cet événement avoit déterminé S. A. R. à se diriger sans délai de ce côté.

» Cette nouvelle causa plus de surprise que d'inquiétude : on ne vit, dans cette entreprise de Buonaparte, que le dernier effort d'une rage impuissante, et on attacha peu d'importance aux bruits qui se répandirent sur ses premiers progrès. Le départ du prince ne changea rien aux dispositions déjà faites pour le séjour des deux époux, et l'anniversaire du 12 mars fut célébré avec ivresse et avec enthousiasme. Il sembloit que la possibilité d'un danger rendît plus vif et plus passionné l'amour qu'on éprouvoit pour la fille de LOUIS XVI.

» Cependant, ce qui paroissoit d'abord à peine digne de notre attention, commençoit à la fixer tout entière.

» L'entrée de Buonaparte à Grenoble, la conduite des premiers régimens qui s'étoient trouvés sur son passage, les justes craintes que donnoit cet exemple, et enfin l'occupation de Lyon, toutes ces circonstances, successivement apprises, annoncèrent une grande crise et un danger certain.

» L'ardeur et le dévouement des Bordelais s'accrurent en proportion du péril, et la princesse, qui étoit restée au milieu d'eux, fut souvent touchée jusqu'aux larmes des témoignages qu'elle en reçut.

» Le Roi ayant appelé à la défense du trône et de la Charte, et les gardes nationales et les citoyens, une foule considérable d'habitans se fit inscrire au nombre de ceux qui étoient destinés à partir. Les hommes, à qui leur âge ou leur position ôtoient la possibilité de suivre les mouvemens de leur cœur, voulurent au moins contribuer, par des sacrifices pécuniaires, à cette grande et sainte entreprise, et de nombreuses souscriptions furent faites par les citoyens de toutes les classes (1).

— » Dans un banquet qui fut offert aux officiers de la garnison par ceux de la garde nationale, le gouverneur, les officiers généraux, le préfet, le maire y assistoient. M. Lainé et M. Romain Desèze s'y trouvoient aussi.

» La santé du ROI, celle de MADAME, celle des généraux et des armées restées fidèles à LOUIS XVIII, furent portées et accueillies avec transport.

» Un des convives, le brave général Donadieu, porta le toast suivant : « *Au dévouement de la ville de Bordeaux* ; puisse le grand exemple qu'elle donne faire rougir et trembler les traîtres qui pensent en ce moment à violer leur serment et à abandonner la plus sainte des causes!

» Ce vœu fut entendu avec ivresse. J'observois les officiers du 8ᵉ et du 62ᵉ. Ils applaudirent comme nous-mêmes, et un cri unanime sembla attester qu'aucun des convives n'avoit ni à *rougir* ni à *trembler*.

» Le moment de l'épreuve approchoit.

. . . .

» Le pont-volant étoit encore au milieu de la

---

(1) En vingt-quatre heures ces souscriptions produisirent CINQ MILLIONS. (*Note de l'Editeur.*)

rivière; il étoit indispensable de le ramener de notre côté, ou au moins de le mettre hors de service. L'inspecteur du port avoit, sous divers prétextes, éludé constamment l'exécution de cette mesure; mais il falloit agir sans délai.

» M. de Pontac fit venir l'inspecteur, et donna des ordres sévères; celui-ci protesta de l'impossibilité absolue où il étoit de faire conduire le pont-volant à Saint-Vincent; mais il offrit de le rendre innavigable, au moyen d'une manœuvre qu'il indiqua. M. de Pontac voulut que cette manœuvre fût faite en sa présence, afin de n'avoir aucun doute sur son exécution. Il s'embarqua avec l'inspecteur et deux matelots dans une petite barque; je l'accompagnai.

» Nous arrivâmes sur le pont-volant, et les matelots firent les dispositions nécessaires pour exécuter la manœuvre convenue.

» La troupe qui étoit sur la rive droite s'en aperçut : l'officier du port *héla* l'inspecteur, et lui dit que le *commandant* de la troupe impériale lui *ordonnoit* de cesser sa manœuvre, en lui annonçant qu'on alloit faire feu sur le pont.

» M. de Pontac ne s'occupa point de cette menace, et la manœuvre fut achevée. A l'instant, plusieurs coups de fusil furent tirés sur nous; quelques balles portèrent sur le pont-volant.

» Notre opération étant consommée, nous revînmes à terre. »

— Une petite *ruse de guerre* de M. le général Clausel.

« Les choses étoient dans cet état, lorsque

vers trois heures de l'après midi, le porte-voix de Cubzac nous annonça qu'on avoit quelque communication à nous faire. Nous écoutâmes avec attention.

» M. le général Clausel demandoit qu'on lui envoyât un officier pour recevoir des volontaires royaux qui avoient été faits prisonniers, et qu'on vouloit nous rendre.

» Cette demande fut renouvelée trois fois. M. le colonel jugea convenable qu'on allât chercher les prisonniers, et me chargea de cette mission.

» Je quittai Cubzac pour retourner à Saint-Vincent. On me remit sur le port deux volontaires de la compagnie des marins qui s'étoient laissés prendre. L'un d'entr'eux refusa de s'embarquer avec moi; l'autre, qui étoit un tambour, me suivit avec joie.

» Dans la traversée, M. Bernos m'apprit qu'on avoit jeté dans le bateau des proclamations et des ordres du jour. Nous les déchirâmes et les jetâmes dans la rivière.

» Ce n'est pas tout, le tambour que je ramenois, craignant d'être découvert, ou peut-être fidèle et de bonne foi, m'avoua qu'on avoit démonté sa caisse, et qu'on y avoit renfermé un assez grand nombre de papiers.

» En arrivant à terre, la caisse fut portée à M. le colonel, qui en retira les papiers, et les jeta au feu. »

Il n'y a pas de doute que la prétendue remise

des prisonniers n'avoit d'autre but que l'introduction des *proclamations* dans la ville de Bordeaux.

— « MADAME adressa successivement trois discours à des troupes différentes dans l'intérieur du Château-Trompette. A la dernière, qui étoit rangée en bataille dans la demi-lune du château, le capitaine Corseron de Villenoisy, officier du 66ᵉ de ligne, sortit seul des rangs quand MADAME eut cessé de parler; il se jeta aux pieds de S. A. R., et lui dit: « *J'abandonne pour jamais une bande » de traîtres; je supplie V. A. R. de permettre que » je la suive partout.* » MADAME répondit: « *Non, bon jeune homme, vous allez vous » perdre; retournez à votre poste.* » Mais il persistoit malgré les instances de MADAME; lorsqu'un chef de bataillon, à la demi-solde, M. Landais, qui avoit suivi le cortége, fit cesser cette scène touchante, en disant au jeune homme: « *Viens avec moi, brave camarade, nous la » suivrons ensemble.* »

» MADAME donna le signal du départ; un roulement de tambour se fit entendre, et nous repassâmes sous les batteries de ce triste fort, le cœur encore plus déchiré que lorsque nous y étions entrées.

» Pour adoucir l'amertume de ce pénible calice, il sembloit que MADAME eût réservé pour la fin de sa course la revue qu'elle se proposoit de faire de cette fidèle garde nationale, qui s'étoit mise en bataille sur le superbe quai qui s'étend le long des bords de la Garonne. Une scène bien différente de celle dont elle venoit d'être témoin l'attendoit là. Lorsqu'elle parut, un cri général de *vive le Roi! vive Madame!* se fit entendre. A la vue de la profonde douleur répandue sur son visage, on sembloit redoubler d'attachement pour elle; et c'est avec transport qu'on le lui exprimoit. Elle eut beaucoup de peine à se faire entendre de la troupe nombreuse qui l'entouroit. Elle adressa à cette garde fidèle tout ce que son cœur lui inspira de plus noble, de plus sensible, pour lui exprimer combien elle étoit touchée de tant de zèle et de dévouement pour le Roi. « Je » viens, ajouta-t-elle, vous demander un » dernier sacrifice... Promettez-moi de m'o- » béir dans tout ce que je vous demanderai. » » Nous le jurons! — « Hé bien! continua » MADAME, d'après ce que je viens de voir, on » ne peut compter sur le secours de la garnison; » il est donc inutile de chercher à se défendre. » Vous avez assez fait pour l'honneur; je prends » tout sur moi : conservez au Roi des sujets fi- » dèles pour un temps plus heureux. Je vous » ordonne *de ne plus combattre.* » Non, non, relevez-nous de notre serment!.... nous voulons mourir pour vous! On se presse autour de la voiture; on saisit la main de MADAME; on la baise; on l'inonde de larmes; on ne demande pour toute grâce, qu'il soit permis aux braves Bordelais de répandre leur sang. L'enthousiasme est porté jusqu'au délire; toute la ville le partage, et mêle ses cris de *vive le Roi!* à ceux de la garde nationale.

» En cet instant, Bordeaux offroit un coup-d'œil unique dans son genre. Jamais on ne vit un spectacle plus étonnant, et jamais position ne fut plus intéressante que celle où se trouvoit MADAME ; car, au moment où elle se voyoit environnée de tant d'hommages, et recevoit le tribut d'attachement de tous les cœurs, elle étoit placée exactement en face de ce général Clausel qui, de l'autre côté de la rivière, se trouvoit témoin des touchans hommages qui étoient offerts à S. A. R. Il ne pouvoit perdre un seul des témoignages d'amour qu'on lui prodiguoit, dont le son parvenoit très-distinctement jusqu'à lui ; il en fut très-alarmé, et fit braquer ses canons de ce côté. Les drapeaux blancs qui flottoient à toutes les fenêtres, et qui ornoient si bien le quai, étoient aussi une perspective fort désagréable pour lui. Jamais, en effet, la ville n'avoit été plus belle. Pour le plus beau jour d'entrée, il auroit été impossible qu'elle fût plus brillante en signes de royalisme de tout genre. La population paroissoit doublée ; et lorsque MADAME retourna au Palais, elle fut accompagnée par tout le peuple fidèle qui la bénissoit les larmes aux yeux, et s'unissoit du fond du cœur à ses regrets et à sa douleur.

» — Ce fut le dimanche 2 avril, que MADAME arriva à Pauillac, après avoir voyagé au pas toute la nuit par un temps affreux et dans un chemin de sable. En descendant de voiture, la première pensée de MADAME fut d'entendre la Messe. Les secours du ciel étoient plus nécessaires que jamais. Tant de sacrifices en quittant la France! tant d'inquiétudes pour ce qu'on y laissoit de si cher! tant de douloureux souvenirs et tant d'épreuves encore à supporter! tout fut placé sous les yeux de Dieu, tout lui fut offert; et la Providence a répandu ses bénédictions sur d'aussi ferventes prières.

» Tout étant prêt pour l'embarquement, nous entrâmes dans la chaloupe du capitaine anglais; et par une pluie battante, nous nous rendîmes à bord du *Wanderer, sloop of war*, qui devoit porter MADAME en Espagne, où elle désiroit d'aller.

» On a souvent parlé du départ de S. A. R.; mais personne n'a pu, personne ne pourra jamais en donner une juste idée. Cette foule de jeunes Bordelais qui avoient suivi jusqu'à ce moment funeste, la princesse auguste, objet de tant d'amour et de douleur, cette population entière qui se pressoit autour d'elle, qui sembloit chercher à la retenir par ses sanglots et ses pleurs, et lui renouveloit encore ce serment de fidélité si religieusement gardé dans nos cœurs, cette consternation profonde, cette expression du désespoir qui se peignoit sur toutes les figures, la princesse elle-même, exhortant au courage et à la résignation ceux qu'elle étoit forcée de fuir, répondant à tant de larmes par ses larmes, aux sermens de fidélité par des promesses de souvenir, jetant son *panache blanc* au milieu de ses gardes qui le partageoient entre eux avec les transports de l'amour et le respect dû aux choses saintes, s'écriant, pour les rappeler à la vie par l'espérance : « *Adieu; quand je reviendrai, je* » *vous reconnoîtrai tous; oui, soyez sûrs que* » *je vous reconnoîtrai tous;* » ce mouvement involontaire et spontané, qui fit tomber à genoux tous les témoins de cette scène auguste et déchirante : voilà ce qu'il est aussi impossible de peindre que d'oublier. »

— La nouvelle de l'entrée du duc d'Angoulême à Bordeaux avoit fait une vive impression sur l'esprit de Buonaparte, et des ordres avoient été donnés pour diriger sur cette ville une colonne de 17,000 hommes et de l'artillerie de siége.

La marche de cette armée étoit connue; on savoit que la tête de la colonne, forte de 6,000 hommes, arrivoit par le chemin de Périgueux; mais les Bordelais avoient pris la résolution de s'exposer à tous les dangers pour soutenir la noble cause dans laquelle ils s'étoient engagés. Leur courage étoit animé par l'exemple de leurs magistrats, et surtout de M. le comte de Lynch, maire de Bordeaux, qui s'étoit déclaré le premier en faveur de la dynastie légitime, et qui par sa loyauté et son dévouement a si bien mérité de son prince et de la patrie.

Louis XVIII ne fut pas plutôt informé que

la ville de Bordeaux avoit secoué le joug de la tyrannie et reconnu l'autorité paternelle du légitime souverain de la France, que S. M. daigna adresser au maire de cette ville une lettre conçue dans les termes suivans :

« Monsieur le comte de Lynch, c'est avec ce » sentiment qu'un cœur paternel peut seul » éprouver, que j'ai appris le noble élan qui » m'a rendu ma bonne ville de Bordeaux. Cet » exemple sera, je n'en doute pas, imité par » toutes les autres parties de mon royaume : » mais ni moi, ni mes successeurs, ni la France, » n'oublierons jamais que les premiers rendus à » la liberté, les Bordelais, furent aussi les pre- » miers à voler dans les bras de leur père. J'ex- » prime foiblement ce que je sens vivement ; » mais j'espère qu'avant peu, rendu moi-même « dans ces murs où, pour me servir du langage » du bon Henri, *mon heur a pris commen-* » *cement*, je pourrai peindre mieux les sen- » timens dont je suis pénétré.

» Je désire que vos concitoyens le sachent » par vous, ce premier prix vous est bien dû ; » car malgré votre modestie, je suis instruit des » services que vous m'avez rendus, et j'éprou- » verai un vrai bonheur en acquittant ma dette. » Sur ce, je prie Dieu, etc.

» *Signé* Louis. »

Premiers vers composés en France pour le retour des Bourbons.

Le 12 mars 1814, S. A. R. Mgr le duc d'Angoulême débarqua à Bordeaux : sa présence électrisa tous les cœurs; elle inspira la muse d'un jeune poète bordelais, d'une grande espérance, e qui paroît être à la fois le favori de Melpom et de Thalie; l'auteur d'*Artaxerce*, de *Childéric*, d'*Alexandre* et *Apelle*, improvisa des stro que la circonstance rend particulièment remarquables; à cette époque (12 *mars*) l'usurpateur étoit encore à la tête de ses armées; la fortune et l'audace qui lui valurent tant de victoires, po voient une dernière fois favoriser son odieuse ambition, et changer tout à coup la face choses; mais M. de la Ville s'étoit dévoué, et sa noble conduite a prouvé qu'effectivement il avoit fait pour la plus sainte des causes le sacrifice de ses jours.

STROPHES *à l'occasion de l'arrivée à Bordeaux de Mgr le duc d'Angoulême, le 12 mars 1814, et présentées le lendemain, par l'auteur, S. A. R.*

Qu'entends-je ! Quels transports de joie !
Quels cris ! quel délire enchanteur !
Est-il vrai ? le ciel nous envoie
Un Bourbon, un libérateur !
Moment heureux ! jour plein de charmes !
Le bonheur fait couler nos larmes
A l'aspect d'un prince chéri !
Le voilà, je le vois paroître ;
C'est le neveu de notre maître,
C'est le descendant de Henri.

Auprès de lui chacun se presse,
Sa garde le laisse en nos bras;
Entouré de notre tendresse,
Il n'a pas besoin de soldats.
Les acclamations publiques
Font retentir les saints portiques.
Plus de contrainte, plus d'effroi!
L'amour, les vœux d'un peuple immense,
Partout célèbrent la présence
Du précurseur de notre Roi.

Roi qu'on chérit et qu'on révère,
Viens rendre la paix à nos cœurs;
Viens, nous attendons notre père,
Il pardonnera nos erreurs.
Henri, des Bourbons le modèle,
Nourrissoit la ville rebelle
Dont il eût pu combler les maux;
Louis, à l'heure criminelle
Qu'il reçut la palme immortelle,
Prioit le ciel pour ses bourreaux.

Et toi, vertueuse Marie,
Qui peut t'arrêter loin de nous?
Reviens au sein de ta patrie;
Montre-toi près de ton époux.
Des Français tu seras l'idole:
Oh! que notre amour te console
Des maux sur ta tête amassés!
Reviens; ce peuple qui t'en presse,
Veut expier par sa tendresse
Les pleurs que tes yeux ont versés.

Plus de discordes, plus de vengeances;
Ce grand jour doit nous réunir;
En voyant finir nos souffrances,
Perdons-en jusqu'au souvenir.
Que tout se pardonne, s'efface;
Que la haine n'ait point de place
Dans des âmes tout au bonheur.
Quand le même vœu nous rassemble,
Français, aimons, servons ensemble
Le Roi, la patrie et l'honneur.

Par M. DE LA VILLE DE MIRMONT.

Après avoir rapporté les strophes de M. de Ville de Mirmont, je ne crois pas devoir sous silence un fait particulier qui lui a mé les justes éloges de l'auteur d'une *notice* les événemens qui se sont passés à Bordea M. Gaye de Martignac fils, officier de la g nationale, s'exprime ainsi dans son intéressa relation, en parlant du dernier article q publié le *Mémorial Bordelais*, journal dont M. la Ville étoit l'un des rédacteurs.

« Déjà le bruit du canon avoit annoncé l' proche de l'ennemi et l'imminence du dang Déjà le cri du parjure et de la trahison s'ét fait entendre non loin de nous. C'est dans ce ment que M. de la Ville a le courage d'impri et de publier la plus noble et la plus énergi des professions de foi. Jamais le respect et l mour pour le meilleur des Rois, jamais le pris et l'horreur pour le tyran, et l'indignati contre ses complices, ne furent exprimés av plus de force, de feu et de vérité. M. de la V ne se dissimuloit pas le péril qu'il appeloit sur tête; mais sa résolution étoit prise : « Mon est mort sous la hache révolutionnaire, disoit- et j'ambitionne d'être jugé digne du même neur, si le disciple et le successeur de Ro pierre venoit à triompher. » Heureusemen pour ceux à qui le talent et le courage so chers, cette noble ambition n'a pas été sa faite.

— Si quelque chose dut alléger la doule qu'éprouva MADAME, en voyant une poig de rebelles refuser opiniâtrément d'abjurer leur erreur, et de se réunir aux sentimens unanimes d'une population entière, ce fut sans doute l'inébranlable dévonement des autorités civiles et de quelques braves qui n'ont point à rougir aujourd'hui d'avoir allié leur courage à la plus odieuse trahison. Parmi ces fidèles et dignes soutiens de la cause sacrée, la ville de Bordeaux et toute la France distinguèrent surtout l'homme d'Etat qui déjà, sous la plus affreuse tyrannie, sacrifiant à son pays sa sécurité, ses jours, ne craignit pas d'attaquer dans le temple des lois celui qui les fouloit aux pieds; de déchirer le voile qui enveloppoit encore les projets audacieux de l'usurpateur; l'homme d'Etat qui au nom de la nation française fit cette *protestation* non moins solennelle que mémorable; l'homme d'Etat qui lutta avec tant d'énergie contre l'adversité : M. Lainé, investi d'une confiance sans bornes, maîtrisa les esprits, et secondant la volonté absolue de l'auguste et infortunée princesse, empêcha qu'une grande cité fût le théâtre d'un horrible carnage.

Les factieux et les traîtres sentoient le prix d'une telle influence : leur chef avoit ordonné de tout employer pour la faire tourner à son profit. Il est des hommes que l'estime et la considération publiques placent à un tel degré d'élévation qu'ils sont même hors des atteintes du crime! Si M. Lainé vit, c'est qu'on *n'osa* rien contre sa personne.

Les paragraphes suivans feront connoître les premières tentatives faites pour le séduire ; je les ai encore extraits de la *notice* de M. Gaye de Martignac, alors officier d'ordonnance et parlementaire envoyé par MADAME auprès du général Clausel stationné de l'autre côté de la rivière.

« Le général Clausel me parla beaucoup de » M. Lainé, pour lequel il me dit avoir une » estime particulière, et il me chargea spécia- » lement de l'assurer qu'il pouvoit rester à » Bordeaux sans aucune inquiétude ; je lui an- » nonçai que M. Lainé n'avoit pas attendu cette » assurance pour prendre la résolution de ne pas » quitter Bordeaux, ou les environs, tant que » son devoir ne l'appelleroit pas ailleurs, et que » les sollicitations pressantes de ses amis n'avoient » pu ébranler cette résolution.

» Je compris aisément, par tout ce que me » dit M. le général Clausel sur M. Lainé, que » c'étoit là une conquête que son parti ambi- » tionnoit ; mais je pus lui annoncer d'avance » que celle-là échapperoit à toute la puissance » et à tous les artifices de son maître. »

— S'il étoit nécessaire de rappeler quels transports d'ivresse excitoit la présence de MADAME à Bordeaux, et jusqu'à quel point elle y étoit adorée, on pourroit citer ce fait :

Une fête avoit eu lieu pour S. A. R., et le chemin que l'auguste princesse avoit parcouru étoit encore jonché de fleurs : une pauvre femme en ramassoit avec tant d'empressement, qu'on la remarqua, et qu'on lui demanda pourquoi elle les relevoit ainsi. « *Elle a marché là-dessus !* » s'écria la bonne vieille, en montrant une toufle de ces fleurs, et en l'emportant avec un respect presque religieux.

— La ville de Bordeaux, dont les excellens sentimens ne se démentirent pas un seul instant, a fourni dans toutes les classes de ses habitans, pendant l'interrègne, une foule de traits remarquables : on cite parmi eux la persévérance avec laquelle MM. les avocats refusèrent de plaider.

Un jour cependant, une cause importante étoit appelée à la Cour d'assises ; il y alloit de la vie d'un individu. M. Desg......-B..... se présente comme défenseur ; le président le harangue ironiquement, en lui disant que la Cour voyoit avec satisfaction *qu'il avoit enfin cessé de bouder*, etc. « Le malheur réclame mon ministère, répondit M. Desg....-B...., je viens plaider devant le *jury*, et non devant la Cour. » Puis se tournant vers le *jury*, il commença sa plaidoierie, et sauva le prévenu sans adresser une *seule fois* la parole au tribunal.

— Un envoyé extraordinaire de l'usurpateur à Bordeaux, étant de retour de sa mission, Buonaparte lui demanda comment cela alloit dans cette ville : « Cela iroit à merveille, répondit le *plénipotentiaire*, si l'on pouvoit faire taire les femmes et parler les avocats. »

— Le règne de la *terreur impériale* durant les cent jours, ne put empêcher la jeunesse bordelaise de lancer quelques traits satyriques à ceux même de qui elle avoit tout à redouter. Indépendamment des jeux de mots, des épigrammes, des calembours, des chansons qui circuloient clandestinement dans la ville pendant le jour, des amateurs se réunissoient la nuit, et alloient donner des *sérénades* sous les fenêtres des *parjures* les plus connus et les plus puissans ; ici, ils jouoient l'air : *J'ai bien souvent* JURÉ *de ne plus boire*, etc. Là : *Je te serai toujours* FIDÈLE.... *comme on l'est à Paris ;* non loin de l'hôtel du gouverneur.... *ça durr'a pas toujours !* et mille autres semblables.

— Une chose très-remarquable est, sans doute, le constant attachement à la cause des Bourbons, que témoignèrent, sans aucune dissimulation, toutes les classes des habitans de Bordeaux. Tandis que la haute société s'abstenoit de tous plaisirs, tandis que les tribunaux étoient sans plaidoyers, les comptoirs sans négoce, les théâtres sans spectateurs, les marchandes des halles faisoient, à leurs frais, broder magnifiquement une bannière pour aller en corps audevant de S. A. R. Madame la duchesse d'Angoulême, lorsqu'elle ramèneroit une seconde fois la paix et le bonheur au sein de ses fidèles Bordelais.

On raconte, à cette occasion, l'anecdote suivante :

Une marchande de poisson, chargée de famille, et désespérée de n'avoir point assez d'argent pour payer sa part de la cotisation, vendit *sa coiffure de noce.*

Il faut savoir qu'à Bordeaux une *coiffure de noce* est, parmi les femmes du vulgaire, un objet auquel elles attachent un grand prix, et qui leur inspire une haute vénération.

MARIAGE *de S. A. R. Msr le duc de Berri.*

— C'est le 15 avril que le contrat de mariage entre S. A. R. MARIE-CAROLINE de *Naples* et Mgr le DUC de BERRI a été signé par les plénipotentiaires respectifs; son exc. le marquis de Circello et son exc. le comte de Blacas.

Le 15 mai, la jeune princesse quitta ses augustes parens. Ferdinand IV ne put voir s'éloigner sans le plus vif attendrissement celle qu'il chérissoit comme sa propre fille, et qui par ses vertus faisoit l'ornement de la cour.

On ne peut se faire une idée des témoignages d'amour, d'attachement et de regrets qui lui furent prodigués par les Napolitains, la veille et le jour de son départ. Tout le peuple se pressant sur son passage, vouloit dételer les chevaux et traîner sa voiture. S. A. R. entra dans l'église de Sainte-Claire : elle fut obligée d'en sortir *incognito* pour se soustraire à l'affluence qui augmentoit sans cesse, et fermoit tous les passages. Plusieurs fois on l'entendit s'écrier : « *O mon Dieu!* » *pourrai-je être aimée en France autant qu'ici?* »

— Dans le trajet, S. A. R. désira voir la place de Gaëte : le voyage étoit imprévu : rien n'étoit préparé : la princesse désira descendre chez M. le chevalier Bernardino Metelli, homme qui jouit de la plus haute considération, par les bienfaits qu'il répand. Quelques personnes voulant faire observer à S. A. R. que l'étiquette sembloit s'opposer à ce qu'elle descendit chez un simple particulier. « Vous vous trompez, dit- » elle, je logerai chez celui que le pauvre se » plaît à appeler son père : la bienfaisance et la » dignité royale s'allient fort bien ensemble. » Combien ces paroles renferment de nobles sentimens !

— S. A. R. reçut peu de jours avant son départ de Naples, un paquet timbré, venant de Marseille, et dans lequel elle trouva une petite image de *Notre-Dame de la Garde* : la lettre qui accompagnoit ce singulier présent instruisoit la princesse que Notre-Dame de la Garde, objet du culte particulier des marins marseillais, devoit par l'intercession des Provençaux, garantir de tout accident, pendant la traversée, S. A. R., pourvu que la petite image fût portée par elle. S. A. R. n'y manqua pas.

Il advint que par un brouillard très-épais, dans le canal étroit qui sépare l'*île d'Elbe* de Fiume, la frégate couroit à toutes voiles sur des rescifs qui bordent l'île, lorsque fort heureusement on s'en aperçut, et l'on prit une autre direction. M. le commandant de la frégate napolitaine, persuadé du danger auquel l'escadre avoit été exposée, et plein de confiance dans l'image précieuse de Notre-Dame de la Garde, supplia la princesse, à son arrivée à Marseille, de lui en faire présent.

L'escadre de la princesse MARIE-CAROLINE de *Naples*, fut signalée à Marseille le 21 mai, et annoncée vers dix heures par le fort Notre-Dame de la Garde. M. le duc d'Havré et M. le baron de Damas se mirent en mer pour aller recevoir et complimenter la princesse.

L'entrée au Lazaret eut lieu à quatre heures du soir : la musique, les cris de joie, le canon de la frégate et des vaisseaux, une multitude innombrable de canots et de barques de toute espèce formoient un spectacle ravissant.

Le jour de l'Ascension, à six heures du soir, S. A. R. vint se promener dans le port de Marseille : une foule de bateaux pavoisés, des gondoles ornées de feuillage escortoient son canot : l'allégresse publique éclatoit de toute part.

Enfin arriva le jour si impatiemment désiré par Marseille. Dès l'aurore, tous les quais furent bordés de troupes de ligne et de gardes nationales ; toutes les maisons décorées de drapeaux blancs. Les toits *formoient des amphithéâtres*.

A dix heures, le canon se fit entendre, c'étoit le signal de l'embarquement. On vit aussitôt s'avancer majestueusement le canot de la princesse conduit par vingt-quatre rameurs ayant des *rames dorées ;* au milieu flottoit l'étendard royal aux armes de France.

A l'instant où la princesse débarquoit devant

l'Hôtel-de-Ville, M. le duc de Lévis voulut guer, en *italien*, S. A. R. : « En *français*, » elle ; je ne connois plus d'autre langue. »

Rien n'a été plus touchant que le moment o Madame la duchesse de Berri a pris la plu pour signer, à l'Hôtel-de-Ville, l'acte de *de sa personne*. Ses yeux se sont mouillés larmes; elle les a levés au ciel : une douce mél colie s'est répandue sur tous ses traits : elle signé; bientôt sa physionomie a opris toute sa sérénité.

Le soir, à huit heures, S. A. R. se rendit grand théâtre : on tenteroit vainement de décri l'enthousiasme des Marseillais; des couplets f chantés et répétés par tous les spectateurs; l' vresse étoit à son comble.

Le vendredi, 31 mai, neuf heures du matin la jeune princesse partit pour Toulon.

De Marseille à Toulon, le voyage fut qu'une féerie continuelle; des arcs de triomphe des fêtes de toute espèce, etc.

Madame la duchesse de Berri, en visi l'hôpital de Toulon, voulut elle-même goûter soupe des malades : elle parla à quelques-u d'eux, et laissa à tous des marques de bie faisance.

Ce fut le 8 juin à midi, que S. A. R. en dans Lyon, au milieu des acclamations d' immense population; après le cérémonial d'usage il y eut grand couvert. Ensuite la princesse les hommes et les dames. Un fort beau concert exécuté sur la terrasse du palais de l'archevêché, du côté de la Saône, termina cette heureuse journée.

Le 9 à midi, S. A. R. se rendit à l'Hôtel-de-Ville; après, elle visita la bibliothèque, divers monumens publics et plusieurs manufactures: le soir, elle honora le spectacle de sa présence; on joua une pièce analogue qui fut montée *par ordre*.

Couplets improvisés *sur l'entrée à Lyon de Madame la duchesse de Berri.*

Air : *De la valse du Pauvre Diable.*

Dans ce beau jour, quelle heureuse allégresse
Vient animer tous les cœurs à la fois;
C'est de Berri la brillante Princesse
Qui doit s'asseoir au palais de nos Rois.

. . . .

Le doux hymen ouvre aujourd'hui son temple,
Sur son autel, vois un ange de plus;
C'est Caroline, offrant le rare exemple
De la candeur, des grâces, des vertus.
Dans ce beau jour, etc.

Lyon, sois fier d'avoir dans ton enceinte
L'ange de paix, chez qui tout est parfait;
Tu dois bannir désormais toute crainte:
Le crime est mort quand la vertu paroît.
Dans ce beau jour, etc.

Ch.-Joseph Chambet,
membre de la réunion des Muses et des amis du Roi.

L'arrivée de Marie Caroline a Lyon.

Appuyé sur son urne féconde,
Et dormant au bruit de son onde,
Le Rhône reposoit, rêvant à nos destins;
Les siècles devant lui dérouloient leurs mystères;
Du ciel sur nous il lisoit les desseins,
Et voyoit pour nos fils des jours purs et prospères.

Quel spectacle frappe ses yeux !
Tout à coup il voit sur sa rive
S'agiter à l'envi les flots tumultueux
D'une foule inquiete, attentive,
Dont tous les regards et les vœux
Appellent la jeune Princesse
Qu'un Roi puissant, qu'un vrai Bourbon,
Des champs de Parthénope, aux rives de Lutèce,
Envoie à notre Nation.

. . . .
. . . .

Troubadour, accorde ta lyre,
Que Phœbus t'échauffe et t'inspire
Des chants dignes d'un si beau jour.
Mais, Nymphes, quel nouveau Virgile
Pourra chanter les souhaits que l'amour
Inspire à la cité tranquille,
Séjour des arts et de la paix,
Où dans les temps de nos tristes alarmes,
On sut trouver plus d'un Français,
Qui pour son Roi saisit les armes.
D'un si noble et touchant tableau
Quel sera l'Apelle nouveau ?

O Lyonnais, gardez bien cette gloire,
Héritage immortel de vos vaillans aïeux ;
Ils sont inscrits au temple de mémoire
Les noms sacrés des hommes généreux,
Qui soldats de la foi, martyr du royalisme,
Ont d'un froid et vil égoïsme,
Méprisant les serviles lois,
Bravé pour la cause des Rois,
Du crime, et l'échafaud et la hache sanglante.
Ainsi parloit à la troupe brillante
Des Nymphes qui peuplent ses eaux
Le fleuve dont les vastes flots
Baignent notre cité puissante.
Il a fini : déjà vers nos climats,
Caroline s'avance, et tout lui tend les bras ;
C'est elle, c'est la souveraine ;
On se presse, on court sur ses pas ;
Lyon entier vient la saluer Reine.

M. Corant,
de la réunion des Muses et des amis du R

Une scène du *Berceau de Henri Quatre à Lyon*, ou la *Nymphe de Parthénope*, Allégorie composée à l'occasion du passage de S. A. R. Madame la Duchesse DE BERRI; par MM. Hapdé, Monperlier et Albertin.

(*L'Olympe est descendu au confluent du* RHÔNE *et de la* SAÔNE, *afin de combler de ses dons la nymphe de* PARTHÉNOPE, *au moment où le* RHÔNE, *qui l'a amenée à* LYON, *la confie à la* SAÔNE *pour la conduire vers* LUTECE : *le peuple et les guerriers français sont rangés autour du berceau qu'ont apporté les bons Béarnais empressés d'offrir à la nymphe ce qu'ils possèdent de plus précieux.*)

UN CHEVALIER FRANÇAIS.

O France! ne crains plus de perfides complots:
Un Hymen glorieux assure ton repos.
Des antiques Bourbons la tige auguste et chère,
Va couvrir de ses jets le tronc héréditaire.
Belle de ses vertus, belle de ses attraits,
Sur un chemin de fleurs, dans le char de la Paix,
Une fille des Rois, par sa douce présence,
Vient remplir tous les cœurs de joie et d'espérance.
Près d'un jeune Héros l'Hymen guide ses pas;
L'avenir lui sourit, l'Amour lui tend les bras;
Et l'affreuse Discorde, au sein du sombre empire,
Muette de terreur, en mugissant expire....
Couple illustre, comblez le vœu des nations :
C'est à vous d'écraser l'hydre des factions;
C'est à vous que Louis, dans sa bonté suprême,
A confié l'espoir de ce peuple qu'il aime.
O le meilleur des Rois, qui, grand par tes vertus,
Nous rends le règne heureux qui fit bénir Titus!
Jouis de nos transports, puisqu'ils sont ton ouvrage.
Adoré des mortels, juste, clément et sage,
Tu bannis loin de nous les dangers et l'effroi;
Tu sauvas la patrie, et nous mourrons pour toi.

Tandis que, sous l'abri de tes lois protectrices,
Tomberont des méchans les lâches artifices,
Sous tes yeux paternels, que d'heureux rejetons
Eternisent les lis et le sang des Bourbons!
Nous combattrons pour eux, nous saurons les défendre.
Guerriers, que ce serment partout se fasse entendre!
Ralliés pour jamais autour de ce Berceau,
Au sentier de l'honneur ne formons qu'un faisceau.

(Au même moment le chevalier plante son ori auprès du berceau. Tous les guidons des différens de troupes stationnées en ce moment à Lyon, sont et forment un faisceau brillant.)

JUPITER.

Ne crains plus les efforts d'une ligue ennemie,
Peuple, toi qui chéris l'antique dynastie
Dont huit siècles de gloire ont augmenté l'éclat;
Tu ne maudiras plus un coupable attentat.
Va, pour prix de ton zèle et de ta foi jurée,
Désormais de tes lis la tige révérée,
Féconde en rejetons, va briller à tes yeux.
Sous l'abri protecteur et du Ciel et des Dieux.
Contemple l'avenir : le Destin va lui-même
Dévoiler à tes vœux sa volonté suprême;
Cet immortel arrêt, pour toi, pour tes enfans,
Sera l'espoir des bons et l'effroi des méchans.

(Le Destin paroît porté sur un nuage; le globe t restre est sous ses pieds : auprès de lui le livre des tinées.

Le Destin s'arrête devant le berceau; il se lève, é la main droite, et demeure dans cette attitude, l' main appuyée sur son livre.

Aussitôt, des vapeurs légères sortent de terre, et tourent le berceau; dans le même moment des plans de naissent, ils forment une espèce de barrière; des Ny cueillent des lis et les distribuent au peuple et aux riers. Le Destin levant une seconde fois la main, à l'instant le berceau s'ouvre, on y voit un groupe de très-petits enfans habillés, coiffés à la Henri Quatre, et sommeillant (image allégorique d'une longue postérité). Au même instant on lit sur le livre du Destin ces mots : Toujours il en naîtra.

L'ouvrage est ainsi terminé :

Danse générale. Flore, suivie des nymphes, prend, en passant devant le public, des lis dans sa corbeille, et les jette aux spectateurs; toutes les nymphes portant dans leurs bras des touffes de la même fleur, les lancent également au parterre et dans les loges. Tous les spectateurs spontanément se lèvent et agitent en l'air ces branches de lis aux cris de Vive le Roi! Vive la Duchesse de Berri! *Aussitôt une pluie de lis tombe du plafond de la salle, et une colombe, d'un vol rapide, va poser une couronne sur la tête de l'auguste Princesse placée à l'amphithéâtre.*

— Le jour de l'entrée de LL. AA. RR. Mgr le duc et la duchesse de Berri, à Paris, le chevalier du Puy-des-Islets se trouvoit à côté d'un zélé partisan de Napoléon. Celui-ci, faisant le bon apôtre, à chaque instant s'écrioit : « Quel dommage! adieu la fête! sentez-vous ces gouttes de pluie? » — *Citoyen*, répliqua le chevalier des Islets, *consolez-vous, ce sont les larmes des buonapartistes.*

— MADAME, en recevant Madame la duchesse de Berri pour la première fois, lui prodigua mille témoignages de la plus tendre affection : « *Hébien*, dit S. A. R. en pressant la jeune

Princesse contre son cœur, *on soutenoit q n'aurois jamais d'enfans.* »

COUPLETS

Tirés des DIEUX RIVAUX, ouvrage re d'imagination et d'idées ingénieuses, re senté par l'*Académie Royale de Musiq* à l'époque du Mariage de LL. AA. M^s Madame la duchesse de Berri; par MM. *D lafoi* et *Briffaut*, musique de MM. *B Spontini* et *Kreutzer*.

AIR.

Voici le Roi, Français fidèles!
Sous sa bannière accourez vous ranger.
La justice et l'honneur de palmes immortelles,
A l'envi viennent l'ombrager :
La paix le couvre de ses ailes.
Qui que tu sois, incline-toi
Voici le Roi, voici le Roi.

Voici le Roi, Français fidèles!
Que son exil nous a coûté de pleurs!
Les vertus avoient fui nos plaines criminelles;
Et s'unissoient à ses malheurs;
Louis reparoît avec elles;
Qui que tu sois, console-toi :
Voici le Roi, voici le Roi.

Voici le Roi, Français fidèles!
Ils ne sont plus les momens du danger;
Mais si Louis souffroit des disgrâces nouvelles;
Armez-vous tous pour le venger;
Unissez vos mains fraternelles;
Qui que tu sois, ranime-toi :
Voici le Roi, voici le Roi.

— Présumant que le lecteur m'en sauroit quelque gré, j'ai choisi, pour clore ce recueil, l'*Ode de M. Baour de Lormian*, composée pour cette illustre alliance; il seroit difficile de trouver réunis plus de riches détails et de mâles tableaux; il seroit difficile de trouver un plus éloquent interprète des sentimens français.

ODE.

Assez et trop long-temps les Vierges d'Aonie
Ont d'un luth belliqueux fait frémir les accords :
Sur le Pinde français qu'une douce harmonie
De ces filles du Ciel anime les transports !
Sous un astre serein le printemps qui s'éveille
Vient les solliciter au nom de l'univers,
Et lui-même à leurs pieds, de sa fraîche corbeille,
Verse tous les parfums et les présens divers.

Mais quelle fleur choisit leur main reconnoissante !
C'est le lis des Bourbons, le lis de nos aïeux !
Hélas ! combien de fois sa tête languissante,
Jouet de la tempête, a ployé sous nos yeux !
Maintenant, rafraîchi par l'aube matinale,
Sur le peuple embaumé des jardins d'alentour,
Il domine ; et, debout sur la tige royale,
Dans sa coupe d'albâtre il boit les pleurs du jour.

Fleur du trône, salut ! En festons, en guirlandes,
Viens parer de l'Hymen l'autel religieux.
L'Hymen en souriant accepte nos offrandes ;
Des champs de la Sicile, il conduit en ces lieux
L'aimable et jeune épouse à ses lois asservie :
Sur son front virginal respire la candeur.
Tout s'empresse autour d'elle, et la France ravie
A de l'hymne d'amour accueilli sa pudeur.

Entendez-vous gronder ces bronzes pacifiques ?
Les cent échos du fleuve ont prolongé leur voix :
Le vieux Louvre frémit en ses vastes portiques,
Et proclame avec eux l'héritière des rois.
Quels sons l'airain sacré fait monter jusqu'aux nues!
De quels flots populeux les chemins sont couverts!
Du temple de l'Hymen perçant les avenues,
Que de cris sont mêlés à ses divins concerts!

Mais la fête pieuse est déjà commencée :
Les prêtres du Seigneur environnent l'autel;
Et l'urne des parfums, dans leurs mains balancée,
Exhale un pur encens qui plaît à l'Immortel.
Assis dans le palais de vie et d'alégresse,
Le roi martyr, tombé sous des coups assassins,
Sent rouler dans ses yeux des larmes de tendresse,
Telles qu'avec bonheur en répandent les saints.

Entre le Ciel et nous il n'est plus de barrière :
Avec nous désormais Dieu réconcilié,
Au temple de Marie exauce la prière
De ce couple fidèle à nos destins lié.
Quel moment! Un Bourbon vient jurer à la France,
A sa grande famille, un amour paternel;
Et, sur des ailes d'or, l'ange de l'espérance
Emporte le serment aux pieds de l'Eternel.

Louis ordonne!... Eh bien! vassaux de l'Hyménée,
Beaux-arts, obéissez au monarque chéri:
Parez de votre éclat la pompe fortunée;
Attachez votre gloire au trône de Henri.
Brillez, astres enfans du salpêtre qui tonne;
En disques lumineux rayonnez dans les airs;
Et faites resplendir, dans l'ombre qui s'étonne,
Les noms des deux époux dessinés en éclairs.

Vainement, sous un ciel enflammé par l'orage,
Des foudres et des vents l'épouvantable accord,
Du vaisseau de l'Etat conspirant le naufrage,
Sur ses mâts fracassés a fait planer la mort :
Le pilote prudent, qui veille à sa conduite,
Le dirige avec calme au sein des flots amers,
Et déjà dans le port il trompe la poursuite
Des astres ennemis et des bruyantes mers.

Heureux port! à jamais ton enceinte tranquille
Va repousser l'orage et les flots écumans.
L'auguste liberté qui défend cet asile,
A la voix de Louis posa ses fondemens :
Oui, j'en atteste ici l'infaillible promesse
Du roi législateur qu'ont rappelé nos vœux!
Oui, le phare élevé des mains de la sagesse
A travers les écueils guidera nos neveux!

Si des maux passagers nous affligent encore;
Après de longs revers, si les destins jaloux
D'une paix renaissante osent troubler l'aurore,
Point de vaines frayeurs : l'avenir est à nous.
Etouffant pour jamais la discorde inhumaine,
Nous-mêmes commandons à la prospérité!
Sous le roi bienfaisant que le ciel nous ramène,
Le bonheur est le prix de la fidélité.

Ah! notre antique France est encor la patrie
Du trône et de l'autel, du courage et des arts!
Elle garde à ses rois la même idolâtrie;
Et dans ses légions il reste des Bayards.
Ils renaissent en foule à ma vue enivrée,
Nos galans paladins, nos joyeux troubadours!
Dieu! le prince et l'honneur! ô devise sacrée!
Sur nos vaillans drapeaux tu brilleras toujours.

Tels qu'aux vallons d'Enna, sur ces mêmes rivages
D'où nous vient la beauté qui fixa notre choix,
Quand les volcans éteints ont cessé leurs ravages,
Revivent plus féconds les vergers et les bois;
Tels, sur les bords français, d'où la tempête sombre
Et les noirs ouragans s'exilent sans retour,
Nos yeux verront fleurir les rejetons sans nombre
De ces lis immortels, rendus à notre amour.

M. Baour-Lormian.

FIN DU RECUEIL POUR L'ANNÉE 1816.

www.ingramcontent.com/pod-product-compliance
Lightning Source LLC
Chambersburg PA
CBHW052054090426
42739CB00010B/2179